Hamelner Altstadt
Sanierung

Hermann Kater

Hamelner Altstadt Sanierung

Konzept · Kritik · Kompromiß

CW Niemeyer · Hameln

CIP-Titelaufnahme der Deutschen Bibliothek

Kater, Hermann:
Hamelner Altstadtsanierung: Konzept – Kritik – Kompromiß / Hermann Kater. – 1. Aufl. – Hameln : Niemeyer, 1989
ISBN 3-87585-128-5

© 1989, Verlag CW Niemeyer

1. Auflage 1989

Gesamtherstellung: CW Niemeyer-Druck, Hameln
Umschlaggestaltung: Heinz Dziadek / Peter-M. Kipp
Titelfoto: Bäckerstraße (Ulrich Kirmes)

Printed in Germany

ISBN 3-87585-128-5

Vorwort des Oberbürgermeisters der Stadt Hameln

Die Sanierung der historischen Altstadt von Hameln steht vor ihrem Abschluß. Ihr Ablauf ist von der Planung bis zur Vollendung nicht unumstritten gewesen. Heute gilt die Hamelner Altstadtsanierung als beispielhaft. Dieser Modellfall einer gelungenen Sanierung wurde auf nationalen und internationalen Ausstellungen gezeigt, so in London und Toronto, und ist auch für Moskau und andere ausländische Metropolen vorgesehen. Sie ist auch im Rahmen der Ausstellung „Stadträume im Wandel" im Jahre 1988 in Peking zu sehen gewesen. Darüber kann leicht vergessen werden, wie schwierig und zu Beginn gefährdet dieser Weg der Anerkennung war.

Dr. med. Hermann Kater, journalistisch und historisch ambitioniert, hat neben seinem Beruf sich immer wieder für die Belange seiner Heimatstadt interessiert und bei kritischen und bedeutsamen Entwicklungstendenzen eingesetzt. Es ist sein Verdienst, insbesondere die abgelaufenen 20 Jahre der Altstadtsanierung in diesem Buch dokumentarisch festgehalten zu haben, wobei ihm seine frühere und heutige Mitgliedschaft im Rat, aber auch seine engagierte Mitarbeit in der „Vereinigung Hamelner Bürger zur Erhaltung ihrer Altstadt", gewiß geholfen haben.

Seine Mitwirkung in diesen beiden Gremien, die zeitweise kontrovers agierten, hat sicherlich auch zur subjektiven Betrachtung und Wertung einzelner Sanierungsabschnitte geführt. Das schmälert den Wert dieses Buches nicht; es zeigt im Gegenteil die Meinungsverschiedenheiten auf, die bei einer so wichtigen kommunalpolitischen Arbeit zwangsläufig auftraten und zu entscheiden waren.

(Dr. Walter-Dieter Kock)

Hermann Kater, geb. 1914, Dr. med., Studium der Medizin in Kiel, Würzburg, München und Berlin. 1946 Niederlassung als Arzt für Allgemeinmedizin in Hameln.

Bis zur Aufgabe der ärztlichen Tätigkeit 1981 Ehrenämter in den ärztlichen Organisationen von der Kreis- bis zur Bundesebene. Seither nur noch journalistisch und politisch tätig. Seit über 25 Jahren Mitglied der CDU und des Deutschen Journalistenverbandes. 1961, 1964, 1981 und 1986 in den Rat der Stadt Hameln gewählt.

Autor mehrerer Bücher und Verfasser von über 500 Publikationen über Zeitgeschichte, Sozial- und Gesundheitspolitik, Katastrophenmedizin, Umweltschutz und Stadtsanierung.

Inhaltsverzeichnis

Einleitung 11
Hameln an der Weser und das Planungsziel der Altstadtsanierung . 14
Wirtschaftswachstum, Städtebauförderungsgesetz und
NEUE HEIMAT 20
Abrißplanung in Hameln hinter verschlossenen Türen 24
Altstadtsanierung im Meinungsstreit 32
Von der Flächensanierung zur Objektsanierung 47
Prof. Dr. Marianne Kesting 1983 zur Entwicklung
der Altstadtsanierung seit 1972 65
Hotelruine, Bellevue-Center, Warenhaus 70

Die Finanzierung von Sanierungsmaßnahmen und weiteren
Bauvorhaben 75
    Finanzierungs- und Förderungsgrundsätze
    bei Sanierungsmaßnahmen 75
    Finanzierungsdaten der Hamelner Altstadtsanierung im
    Überblick 76
    Einsatz öffentlicher Mittel für die Altstadtsanierung bis
    zum 31. Dezember 1987 78
    Denkmalschutz / Stadtbildpflege 84

Der Abschluß der Altstadtsanierung kommt in Sicht 90
    Altstadtsanierung in den Jahren 1984–1987:
    Kreissparkasse / Stadtsparkasse / Pfortmühle /
    Rattenfängerhalle auf dem Stockhof 90
    Altstadt und Verkehr 99

Wirtschaftliche und soziale Folgen der Altstadtsanierung 105
Rückblick und Ausblick 111
Prof. Dr. Klaus Wittkau: Bürgernähe beim lokalen
Regieren und städtebaulichen Planen heute
– Möglichkeiten und Grenzen 115

Anhang
1. Liste der Oberbürgermeister der Stadt Hameln 120
2. Parteien bei den Kommunalwahlen 120
3. Das Bundesministerium für Raumordnung, Bauwesen
   und Städtebau 121
4. Niedersächsische Landesminister für Wohnungs-
   und Städtebau 121
5. Bebauungspläne im Rahmen der Altstadtsanierung 122

Literaturhinweise 124

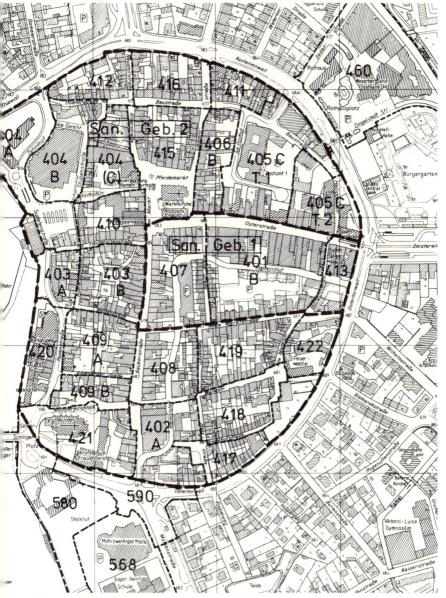

Bebauungspläne der Hamelner Altstadt und einiger angrenzender Bereiche
(Erläuterungen hierzu finden sich auf S. 122f.)

Einleitung

Als ich ab 1961 in zwei Legislaturperioden dem Rat der Stadt Hameln angehörte, wurde über die Altstadtsanierung schon gesprochen, aber die entscheidenden Beschlüsse dazu wurden erst 1967 gefaßt. Ich stütze mich in meiner Dokumentation bis 1981 weitgehend auf mein umfangreiches Archiv mit Presseberichten, eigenen Publikationen, Referaten und Notizen über meine Mitarbeit in der „Vereinigung Hamelner Bürger zur Erhaltung ihrer Altstadt" und in einer Arbeitsgemeinschaft der Universität Bielefeld. Für die Entscheidungen des Rates und seiner Ausschüsse zur Sanierung der Kleinen Straße und zum Bau des Warenhauses im Bereich der Stubenstraße hat die Stadtverwaltung mir als jetzigem Ratsmitglied freundlicherweise die wesentlichen Protokolle zur Verfügung gestellt. Zu meinen Erinnerungen an den turbulenten Anfang der Altstadtsanierung ist meine erneute Mitarbeit im Rat der Stadt Hameln ab 1981 hinzugekommen und jetzt auch im Planungs- und Bauausschuß.

Die „Sanierung durch Abriß und Neubau auf verdichteter Fläche" vor zehn und zwanzig Jahren war nicht nur ein Symptom des damaligen Zeitgeistes, sondern wurde auch durch die geltenden Baugesetze und die Praxis der Subventionierung durch Bund und Länder gefördert. Zuschüsse bekam damals nur, wer abriß und neu baute. Baukonzerne wie die NEUE HEIMAT und andere Bau-Löwen sahen darin das große Geschäft. Auch einflußreiche Bürger in den „sanierten" Städten haben daran verdient, daß erhaltungsfähige Bausubstanz und geschichtlich gewachsene Stadtstrukturen vernichtet wurden. Bürgerschaft, Rat und Verwaltung in Hameln freuen sich heute an der gelungenen Altstadtsanierung und führen sie immer wieder stolz ihren Besuchern vor. Darüber darf nicht vergessen werden, daß nach der fast einstimmig am 15. Dezember 1967 beschlossenen Planungskonzeption große Teile der Altstadt abgerissen werden sollten.

Als die Planungskonzeption zur Altstadtsanierung bekannt wurde, haben eine Reihe von Hamelner Bürgern sofort gegen die Abriß-Mentalität und die Vernichtung oder Verschandelung historischer Bausubstanz protestiert. Die Bürger-Opposition hat nicht nur Kritik geübt, sondern mit ihrer „Vereinigung Hamelner Bürger zur Erhaltung ihrer Altstadt" detaillierte Gegenvorschläge gemacht. Anfangs wurden die Frauen und Männer dieser Vereinigung in der Öffentlichkeit, in der Presse und in den politischen Gremien als „ewig Gestrige" und „Reaktionäre" beschimpft. Der Meinungswandel in der Altstadtsanierung in Hameln und in der ganzen Bundesrepublik ist nicht nur durch die Überzeugungskraft und die Argumente entrüsteter Bürger erreicht worden, sondern auch durch eine engagierte Berichterstattung von Journalisten in Presse, Funk und Fernsehen, durch das zunehmende Umdenken von Fachleuten an den Hochschulen, in der Praxis und durch die Ausstrahlungswirkung einer „Arbeitsgemeinschaft Altstadtsanierung" am Zentrum für interdisziplinäre Forschung der Universität Bielefeld.

Sie wurde im Juni 1973 gegründet von der Kulturhistorikerin Professor Dr. Marianne Kesting und Dipl.-Ing. Walter J. M. Bunsmann, Präsident der Hamburger Architektenkammer. Veranlassung dazu gaben die schon weithin sichtbaren und die absehbaren negativen Auswirkungen der damaligen Sanierungspraxis auf unsere Städte nach dem Städtebauförderungsgesetz von 1971. Ziel der Arbeitsgemeinschaft war, Vorschläge zur Änderung des Städtebauförderungsgesetzes und des Bundesbaugesetzes auszuarbeiten. Diese Vorschläge wurden den Fraktionen des Bundestages und dem Wohnungsbauminister überreicht. Die negativen Folgen der Sanierung waren anfangs durch die Lücken dieser Gesetze ermöglicht und sollten durch Verbesserung der Gesetze verhindert werden. Die Kritik an der Hamelner Altstadtsanierung formulierte im November 1974 Architekt Walter J. M. Bunsmann. Er zitierte im Vorwort der Denkschrift „Städtezerstörung durch Altstadtsanierung", herausgegeben vom Zentrum für interdisziplinäre Forschung der Universität Bielefeld, einen Satz aus der Kritik der Deutschen Architektenschaft zum Entwurf des Städtebauförderungsgesetzes: „Städtebau – nur leicht gemacht! Mithin also auch leicht gemacht für den leichtfertigen, unbedachten, vorschnellen Zugriff und Eingriff in die Umwelt mit unabsehbaren Folgen. Drei Jahre nach Erlaß des Städtebauförderungsgesetzes hat die Sanierungspraxis erwiesen, daß dem rüden Geschäftssinn der Sanierungsträger auf seiten der Städte und Stadtregierungen eine Haltung entsprach, die auch ohne Bestechung allzu bereit war, die Altstädte aufzubrechen und „Citys" zu erzeugen. Drei Jahre Praxis der Sanierung haben aber auch den Aufstand der Betroffenen provoziert, die Planer und deren Motive bloßgestellt und den Sinn für den Wert der „abgängigen Substanz" geweckt. Fehler im Bauplanungsrecht und im Kommunalrecht haben vielerorts Situationen entstehen lassen, die eine Kurskorrektur erfordern."

Bei der Gestaltung dieses Buches haben mich in den vergangenen Jahren sachkundige Stadtplaner und Architekten, Kunsthistoriker, Soziologen, Juristen und Politiker aus der ganzen Bundesrepublik beraten. Besonderen Dank schulde ich der Kulturhistorikerin Professor Dr. Marianne Kesting, Bochum, und Professor Dr. Klaus Wittkau vom Institut für Bau- und Entwicklungsplanung der Universität Hannover, auch für ihre Beiträge in diesem Buch. Verleger Günther Niemeyer jun. und seine Frau Brigitte Niemeyer haben mit persönlichem Engagement in ihrer Deister- und Weserzeitung die erforderliche Sachdiskussion und jetzt die Veröffentlichung dieses Buches ermöglicht.

Frau Elisabeth Krause gab mir die Erlaubnis, aus der in ihrem Verlag der Bücherstube Seifert erschienenen „Geschichte der Stadt Hameln" (erweiterte Neuauflage von 1983) die von ihrem Vater Fritz Seifert zusammengestellten historischen Daten mit zu verwenden.

Mitglieder der Hamelner Stadtverwaltung, insbesondere Oberstadtdirektor Dr. Eduard von Reden-Lütcken, Stadtbaurat Eckhard Koß, Ltd. Direktor Werner Vespermann, Oberamtsrat Werner Witte, die Architekten Wolfgang Kaiser und Ludwig Bode und Mitarbeiter von Redaktion und Archiv der Deister- und Weserzeitung haben mir mit Rat und Tat geholfen. Allen sei hiermit Dank gesagt, insbesondere aber Oberamtsrat Peter Stange, dem jetzigen Leiter des Bauverwaltungsamtes, zuvor jahrelang Leiter der „Arbeitsgruppe Altstadtsanierung". Ohne seine Hilfe wäre dieses Buch nicht zustande gekommen. Bei der Schlußredaktion hat er alle sanierungsbezogenen Angaben überprüft.

Hermann Kater

Hameln an der Weser und das Planungsziel für die Altstadtsanierung

Hameln ist als Stadt rund 800 Jahre alt. Erstmalig um 1200 wurden die „Stadt" und ihre „Bürger" urkundlich genannt. Die Anfänge der Stadt Hameln liegen, wie bei vielen Städten, in einer Kaufleute-Siedlung vor dem Tor eines älteren Klosters, das am Ende des 9. Jahrhunderts von fuldaischen Mönchen gegründet worden war. Das Kloster hatte für die Stadtansiedlung eine Art Schutzfunktion. Es lag exponiert auf einem Hügel, von dem eine Brücke über die Weser führte. Diese „via regia" verlief als Fernstraße von Paderborn über Hameln nach Hildesheim über die zwischen Höxter und Minden älteste Weserbrücke. Sie folgte in Hameln der heutigen Blomberger Straße und trennte damit das Kloster von der Stadtansiedlung.

Das Kloster war 851 mit den Reliquien des heiligen Romanus von Fulda als Nebenkloster gegründet worden. Schon nach wenigen Jahren wurde es in ein Chorherrenstift verwandelt mit der Aufgabe, die während der Missionszeit erworbenen reichen Besitzungen des Abtes von Fulda zu verwalten. Dazu waren die Chorherren (Kanoniker) weitaus besser geeignet als die Mönche.

Die materielle Grundlage der Klostergründung war die Stiftung des christlichen Grafenpaares Bernhard und Christine um 822. Diese Stiftung beweist u.a., daß die schon früher von Minden und dem Archidiakonat Kirchohsen ausgegangene Missionierung des Tilithigaues, in dem auch Hameln lag, abgeschlossen war.

Hameln, in der Slavenchronik des Helmold von Bosau bei der Vita des Vizelin „villa publica" genannt, erschien 1185/1206 in einen Zollstreit zwischen den Städten Minden und Hameln erstmalig als „civitas". Die nach Norden wachsende Stadt errichtete in der ersten Hälfte des 12. Jahrhunderts eine dem heiligen Nikolaus, dem Patron der Kaufleute, geweihte Kirche und später an der Stelle des alten Rathauses ein Kophus. Aber erst 1243 unter der Vogtei des Grafen Friedrich von Everstein wurde der Stiftsbezirk in die Stadtbefestigung einbezogen und der Stadt über drei Grundstücke des Kapitels ein Ausgang nach Süden gewährt, zum späteren Mühlentor.

Die starke Zunahme der Bevölkerung sorgte für eine schnelle Besiedlung des neuen Markt-Viertels zwischen der Kaufmanns-Siedlung und dem Wirtschaftsteil des Klosters. 1231 mußten fünf neue Priester für die Stadt Hameln bestellt werden. Seit dem Sturz Heinrichs des Löwen 1180 waren die Territorialherren von Everstein erstarkt, und sie machten Hameln zu ihrer bedeutendsten Stadt. Zeitweilig hatten sie sowohl Probstei wie auch Vogtei in ihren Händen. Ihre gemeinsamen Interessen mit dem Rat der Stadt Hameln ließen den Abt von Fulda erkennen, daß es günstiger wäre, den weltlichen Herren über Stadt und Stift den eigenen fernen Besitz zu verkaufen. Der Patrozinienwechsel des Stiftes von Romanus auf den für Fulda wichtigen Bonifatius um 1235 war ein letzter Versuch von Fulda, das Hamelner Stift stärker an sich zu binden. 1209 brannte die Kirche mit all ihren Schätzen ab. 1259 verkaufte der Abt von Fulda nach langen Verhandlungen Hameln für 500 Mark Silber an den Bischof von Minden. 1260 kam es zur Schlacht von Sedemünder im Streit zwischen ihm und der Hamelner Bürgerschaft.

1267 ging Hameln in den Besitz Albrechts des Großen von Braunschweig über. 1277 bekundet dieser der Stadt alle „alten" Rechte. 1284 verlassen die nicht erbberechtigten Kinder die übervölkerte Stadt. Das ist eine plausible Erklärung für die Rattenfängersage.

Von 1426 bis 1572 war die Stadt Hameln Mitglied der Hanse. Sie erlebte im 16. Jahrhundert einen Höhepunkt ihrer wirtschaftlichen und kulturellen Blüte. Noch heute zeugen glanzvolle Stein- und Fachwerkbauten der Weserrenaissance von dieser Epoche: Hochzeitshaus, Rattenfängerhaus, Stiftsherrenhaus und andere.

1923 wurde Hameln kreisfreie Stadt. Bei der Gebietsreform 1973 wurde sie in den Landkreis Hameln-Pyrmont wieder eingegliedert. Am 1. August 1973 bekam Hameln den Status einer „großen selbständigen Stadt". Durch Eingemeindungen bei der kommunalen Neugliederung wuchs die Stadt auf eine Fläche von 10 000 ha mit rund 60 000 Einwohnern. Hameln versorgt als Mittelzentrum im Weserraum ein Bevölkerungspotential von 170 000 bis 200 000 Einwohnern. Die Stadt liegt 64 m über NN in einer Talaue der Weser.

Der Grundriß der Hamelner Altstadt, die durch breite „Wallstraßen" von den übrigen Stadtgebieten abgetrennt wird, zeigt noch die gleiche Gestalt, die er beim Entstehen der Stadteinheit im 13. Jahrhundert aufwies. Die Hamelner Altstadt, in einem Dreiviertelkreis entlang der Weser gebaut, mißt in ihrer Länge 680 Meter und in der Tiefe 520 Meter. Bei Beginn der Altstadtsanierung wurde sie von 4500 Bürgern bewohnt. Das waren etwa 10 % der gesamten Stadtbevölkerung. Die Hamelner Altstadt war noch nicht mit City-Funktionen überlastet: In etwa 600 Betrieben gab es 5400 Arbeitsplätze. Das war für die Erhaltung der Bausubstanz eine gute Voraussetzung. In vielen anderen Stadtzentren beträgt die Zahl der Arbeitsplätze das Vier- bis Fünffache der Wohnbevölkerung – eine Folge der Massierung von Kaufhäusern, Banken, Verwaltungen usw.

Schon in den fünfziger Jahren war die Rede davon, daß die Altstadt saniert werden sollte. Aber damals dachte man zunächst an die Beseitigung der Folgen des Verfalls, dem die Altstadt in der Kriegs- und Nachkriegszeit ausgesetzt war, also an den Nachholbedarf, an Erhaltung und Renovierung. Erst Mitte der sechziger Jahre gediehen in eingeweihten Kreisen die Vorstellungen von einer Flächensanierung. 1962 wurde erstmalig im Bauausschuß über einen Bebauungsplan für das Altstadtgebiet beraten. 1964 erklärte der Rat die Altstadt zum Sanierungsgebiet nach dem Bundesbaugesetz und verhängte eine Veränderungssperre.

Im August 1966 beauftragte der Rat der Stadt Hameln die GEWOS (Gesellschaft für Wohnungs- und Siedlungswesen, eine Tochter der NEUEN HEIMAT) damit, die Entwicklungstendenzen und Leitziele der Sanierung zu ermitteln. Die GEWOS schaltete die Beratungsgesellschaft für Gewerbebau und die Hauptabteilung Städtebau der NEUEN HEIMAT ein. Parallel dazu liefen Untersuchungen des Büros Dr.-Ing. Helmut Schubert, Hannover, über die Verkehrsentwicklung im Rahmen des Generalverkehrsplanes.

Am 15. November 1967 stimmte der Rat der von der GEWOS vorgelegten Sanierungskonzeption zu. Bis zu diesem Zeitpunkt war die Bevölkerung über Art und Umfang der geplanten Sanierungsmaßnahmen nicht unterrichtet worden. Die von der Planung Betroffenen erfuhren erst bei der Beschlußfassung zur Auslegung der ersten Bebauungspläne, daß ihre Häuser zum Abbruch bestimmt waren. Weit über hundert Bedenken und Anregungen blieben bis auf einige wenige, die sich in die Planung einpassen ließen, unberücksichtigt. Bei der Beschlußfassung über die Sanierungskonzeption war dem Rat der Stadt Hameln das Gutachten der GEWOS nicht bekannt! In der Ratssitzung am 15. November 1967 wurde die Verwaltung beauftragt, auf Grund der beschlossenen Sanierungskonzeption die erforderlichen Bebauungspläne im Sinne des § 30 Bundesbaugesetz vom 23. Juni 1960 zu erstellen.

In der Ratssitzung vom 15. März 1968 wurden vier Bebauungspläne mit Mehrheit beschlossen. Sie hätten das Gesicht der Altstadt grundlegend verändert. Auch zu diesem Zeitpunkt war das endgültige Gutachten der GEWOS dem Rat nicht bekannt. Den Fraktionen und Gruppen war lediglich in der Zeit zwischen dem 7. und 15. März 1968 Gelegenheit gegeben worden, in Gegenwart eines Verwaltungsbeamten in den Entwurf des Gutachtens Einsicht zu nehmen. Jede Fraktion hatte den Entwurf nur für einige Stunden zur Verfügung. Er umfaßte über 150 Seiten, und zum Lesen wären etwa fünf Stunden erforderlich gewesen. Es war völlig unmöglich, daß sämtliche Ratsmitglieder sich informieren konnten. Das endgültige Gutachten wurde den Ratsmitgliedern erst Monate später ausgehändigt.

Die Stadt- und Verkehrsplaner lieferten folgende Konzeption:

1. Ein Kaufhaus-Neubau – ausgelegt auf 80 Millionen DM Jahresumsatz – sollte die „Initialzündung" für die Sanierung geben. Ein zweiter Kaufhaus-Neubau war bereits beschlossene Sache.

2. Erweiterungsbauten für das Amtsgericht, das unter Umständen durch ein Landgericht aufgestockt werden sollte, sowie für die Kreisverwaltung und die Post sollten die Bedeutung der Altstadt als Dienstleistungszentrum heben.

3. Vier projektierte Parkhäuser, als Brücken über die Altstadtwälle hinweg in die Altstadt hinein, sollten die wachsenden Bedürfnisse des ruhenden Verkehrs befriedigen.

4. Eine neue Weserbrücke, die ursprünglich die Altstadt vom Durchgangsverkehr befreien sollte, wurde nun so gebaut, daß sie den ankommenden Verkehr in jedem Fall direkt an das Kaufhaus heranführte und die im Zuge der alten Befestigungswälle verlaufenden innerstädtischen Verkehrswege zu „Schnellstraßen" machte.

5. Ein Busbahnhof, direkt vor der Tür des Kaufhauses, brachte auch jenen Teil des Busverkehrs in die Altstadt, der vorher die Altstadt nicht berührt hatte, täglich 910 Busse.

Mit diesen verlockenden Angeboten wollte man die Firma Karstadt als Motor für die Sanierung im Altstadtbereich gewinnen, obwohl sie außerhalb des Altstadtkerns ein geeignetes Grundstück besaß.

Nach dieser Gesamtkonzeption sollten innerhalb der Altstadt von insgesamt 677 Vorderhäusern etwa 200 Gebäude geopfert werden. Diese Zahl wäre bei voller Anwendung des Städtebauförderungsgesetzes noch höher geworden: Mit schneller Enteignung, Abrißgebot, Baugebot und Modernisierungsgebot. Diese Planungen wurden damals von Bund und Land mit Interesse verfolgt. Bund und Land übernahmen je ein Drittel der Planungskosten. Hameln wurde zum Modellfall für das Städtebauförderungsgesetz, lange bevor dieses Gesetz im Bundestag überhaupt festumrissene Formen annahm.

Nachdem das Städtebauförderungsgesetz am 1. August 1971 in Kraft getreten war, wurde die darin vorgeschriebene Sozialplanung nachgeholt.

Die Stadtverwaltung und der Sanierungsträger NEUE HEIMAT beauftragten damit Professor Dr. Norbert Schmidt-Relenberg, der mit seinen Mitarbeitern im Juni 1972 u. a. feststellte:

1. „Wir halten den Standort für den Busbahnhof nicht für richtig. Er erscheint uns aus verkehrstechnischen Gründen an dieser Stelle unsinnig. Die Weserstraße (parallel zum Weserufer) könnte wirklich zu einer schönen Fußgängerpromende entwickelt werden."

2. „Es drängt sich der Verdacht auf, daß hier das ökonomische Einzelinteresse eines Kaufhauskonzerns entscheidend war, sofern dem Kaufhaus der Busbahnhof buchstäblich vor die Tür gelegt werden sollte."

3. „Allerdings fragen wir uns, ob die Planung einer zweiten Weserbrücke am Thiewall richtig ist. Diese Brücke wird voraussichtlich noch mehr überörtlichen Verkehr auf die Wallstraßen leiten, Verkehr also, der eigentlich die Innenstadt von Hameln gar nicht berühren müßte oder sollte."

4. „Daher sollten Parkhäuser für die Besucher der Innenstadt so weit wie möglich an den Rand der Innenstadt verlegt und die Parkgelegenheit für Bewohner so diskret wie möglich angelegt werden, d. h. weitgehend in Tiefgaragen."

Stadtverwaltung und NEUE HEIMAT kritisierten diese Äußerungen als „Schnellgutachten" und bezeichneten die handfeste Kritik als „tendenziös". Das Gutachten von Professor Dr. Schmidt-Relenberg wurde von Rat und Verwaltung einfach nicht zur Kenntnis genommen. Kurze Zeit später wurde die GEWOS mit einer Sozialstudie beauftragt. Nach den Ergebnissen dieser GEWOS-Studie „paßte" die Sanierungsplanung natürlich zu den Sanierungsplänen der NEUEN HEIMAT.

Das einmalige und unverwechselbare Altstadtbild wurde geprägt durch eine geschlossene, wenn auch nicht einheitliche zwei- und dreigeschossige Bebauung und durch die Silhouetten der Kirchtürme von Münster und Marktkirche. Auch bei der ursprünglich geplanten Altstadtsanierung wären die international bekannten Baudenkmäler in Hameln nicht angetastet worden. Die als „Modellfall Nr. 1" bekannt gewordene Altstadtplanung hätte aber das seit Jahrhunderten organisch gewachsene Stadtbild in seinen vielschichtigen Werten durch Radikaleingriffe erheblich beeinträchtigt.

Führende Männer aus Rat und Verwaltung haben am 12. September 1983 vor Journalisten der Landespressekonferenz Niedersachsen über die allmählich zum Abschluß kommende Altstadtsanierung und über die für 1984 geplante Feier zur 700jährigen Geschichte der Rattenfängersage,

Rede und Antwort gestanden. Jochen Mellin schrieb darüber am 14. September 1984 in der Hannoverschen Allgemeinen Zeitung:
„Die Oberen der Stadt sind zufrieden – aber sie müssen zugeben, daß nicht wenige Ureinwohner ihre Heimat verloren haben. Wie andernorts wurde in Hameln um 1965 die Altstadtsanierung zum großen Thema, und dem Geist jener Jahre entsprechend sollte alles ganz neu und ganz schön werden. ‚Flächensanierung' hieß das im unmenschlichen Deutsch der Planer – im Klartext: Viel abreißen, viel neu bauen. Doch irgendwie muß bald im Unterbewußtsein die Meinung aufgekommen sein: So geht das nicht, das kann nicht richtig sein. Einer der Wortführer der Unbotmäßigen war damals der CDU-Ratsherr Dr. Walter-Dieter Kock, schon bevor das Denkmalschutzjahr 1975 einen ganz breiten Sinneswandel auslöste. Kock legte seinerzeit den Grundstein für seine kommunalpolitische Karriere, die ihn zum Oberbürgermeister machte. 1973 änderte der Rat nach heftiger Debatte in der Bürgerschaft die Grundlinien für die Umgestaltung der Altstadt.

Wirtschaftswachstum, Städtebauförderungsgesetz und NEUE HEIMAT

Seit Beginn der großen Koalition 1966 und noch mehr in der sozialliberalen Koalition ab 1969 regierten die „Wachstumsfetischisten", wie sie Ludwig Erhard bezeichnet hat. Das „Gesetz zur Förderung der Stabilität" wurde am 10. Mai 1967 vom Bundestag fast einstimmig verabschiedet. Von diesem Tag an wurde mit Hilfe der öffentlichen Finanzen großzügig Wirtschaftspolitik betrieben. Als das „Wirtschaftswunder" in der Krise 1966 erstmals seine Wirkung einbüßte, hat der Bundestag 1967 mit diesem Gesetz versucht, einen steigenden Wohlstand für alle Zeiten festzuschreiben.

Am Ende einer Wiederaufbauperiode kommt es zu den üblichen Konjunkturzyklen mit ihren Überproduktionskrisen. Der Wohnungsbau hatte schon immer und normalerweise eine antizyklische Funktion: Solange Geld mit hohem und schnellem Gewinn in der Industrieproduktion angelegt werden kann, stagniert der Wohnungsbau. Dann wird Nachfrage geschaffen, z. B. durch Sanierung. Das Städtebauförderungsgesetz von 1971 ist insbesondere aus der Wachstumsideologie heraus zu verstehen.

Als der Bundestag schließlich am 27. Juli 1971 das Städtebauförderungsgesetz (am 1. August 1971 in Kraft getreten) beschlossen hat, wurde es sofort anzüglich „Lex NEUE HEIMAT" genannt. Die (gemeinnützige) NEUE HEIMAT wurde im Frühjahr 1954 gegründet. Ihr einziger Gesellschafter war damals die Vermögens- und Treuhandgesellschaft des Deutschen Gewerkschaftsbundes mbH, getragen vom Deutschen Gewerkschaftsbund und den 17 Einzelgewerkschaften. Im April 1964 entstand die (nicht gemeinnützige) Tochtergesellschaft NEUE HEIMAT KOMMUNAL, später umbenannt in NEUE HEIMAT STÄDTEBAU GmbH. Während sich die (gemeinnützige) NEUE HEIMAT weiterhin direkt in der Verantwortung des Deutschen Gewerkschaftsbundes und seiner Einzelgewerkschaften befand, gehörte die NEUE HEIMAT STÄDTEBAU zur (kapitalistischen) Beteiligungsgesellschaft für Gemeinwirtschaft AG (BGAG) in Frankfurt. Daran waren der Deutsche

Gewerkschaftsbund mit 20,5 % und die 17 Einzelgewerkschaften im Verhältnis zu ihrer Mitgliederzahl beteiligt. Zur BGAG gehörten weiterhin die Volksfürsorge-Lebensversicherung AG in Hamburg, die Bank für Gemeinwirtschaft in Frankfurt, die Coop AG in Frankfurt und das Beamtenheimstättenwerk in Hameln.

Unter der Leitung von Heinrich Plett wurden der NEUEN HEIMAT in den ersten fünf Jahren nach ihrer Gründung 27 Tochter- und Enkelgesellschaften angegliedert. Die NEUE HEIMAT KOMMUNAL sollte nach den Worten von Albert Vietor, dem Nachfolger von Heinrich Plett, den Städten und Gemeinden, deren Planungsabteilungen angeblich überlastet und überfordert wären, bei der Projektierung und Baubetreuung helfen. Die NEUE HEIMAT hatte ihre Chancen erkannt: Der Deutsche Städtetag schätzte den Investitionsbedarf der Gemeinden für Kommunalbauten bis 1975 auf etwa 175 Milliarden DM.

Eine wesentliche Finanzquelle für den sozialen Wohnungsbau waren die öffentlichen Darlehen der Länder gewesen. Sie begannen Mitte der sech-

Hamburg: Binnenalster und Außenalster mit Modell „Alsterzentrum" der NEUEN HEIMAT

ziger Jahre zu versiegen. Der ruinierte Kapitalmarkt gab kein Geld mehr her. Die Länder mußten sparen. In dieser Situation präsentierte die NEUE HEIMAT dem Hamburger Senat im Juni 1966 das gigantische Projekt „Alsterzentrum". Kernidee des Projekts war die „Sanierung" des angeblich abbruchreifen Hamburger Stadtteils St. Georg. Es sollten Wohnungen und Freizeit- und Versorgungsbauten für 200 000 Menschen geschaffen werden und ein neuer dichtbesiedelter Stadtkern entstehen.

Die GEWOS hat in einer Schriftenreihe zum Thema SANIEREN – ABER WIE? Ziele und Verfahrensgang der städtebaulichen Sanierung nach dem Städtebauförderungsgesetz dargestellt. Es heißt darin:

„Maßnahmen nach dem Städtebauförderungsgesetz greifen dann Platz, wenn die Diskrepanzen zwischen den jetzigen baulich-räumlichen Strukturen und den Anforderungen der Gesellschaft an die räumliche Ausstattung nur durch Eingriffe beseitigt werden können, deren einheitliche und dringende Durchführung durch das Zusammenwirken mehrerer Eigentümer notwendig ist. Sanierungsmaßnahmen im Sinne des Städtebauförderungsgesetzes setzen städtebauliche Mißstände in einem Gebiet voraus und dienen ihrer Behebung durch Umgestaltung bzw. wesentliche Verbesserung eben dieses Gebietes. Zur Beseitigung der genannten städtebaulichen Mißstände sind also Flächensanierungen, die sich des Instrumentariums des Abrisses, des Neubaus und der Modernisierung bedienen, erforderlich."

Die GEWOS betätigte sich ungeniert als Lobbyist für die NEUE HEIMAT und richtete am 27. September 1968 einen dringenden Appell an Regierung und Gesetzgeber unter der Parole „Städtebaugesetz ist überfällig!". Sie bezog sich damit auf Forderungen der in ihr vereinigten 130 Wissenschaftler und Experten öffentlicher Körperschaften, Gewerkschaften, gemeinwirtschaftlicher Organisationen, Realinstitute, Banken, Unternehmer der Bau- und Energiewirtschaft und einer großen Anzahl gemeinnütziger und freier Gesellschaften des Wohnungsbaus.

Mit Hilfe des Städtebauförderungsgesetzes wurden die ökonomisch Schwachen an den Stadtrand verdrängt. Dort mußten sie obendrein höhere Anteile ihres Verdienstes für die Miete aufwenden, auch wenn durch die Allgemeinheit Mietbeihilfen gezahlt wurden. Die finanzielle Belastung traf also neben dem Mieter auch kleine Hauseigentümer.

Altansässige und solide Firmen in der Hamelner Innenstadt haben aufgeben müssen, weil sie offenbar das finanzielle Risiko von Neubau oder Umbau und ihre Gewinnchancen in der sanierten Altstadt überschätzt hatten. Den Gewinn aus der Sanierung erzielten oftmals ortsfremde

Firmengruppen, die die Umwälzungen finanzieren konnten, und selbstverständlich die Bauwirtschaft.

Die Mitarbeiter der NEUEN HEIMAT draußen im Lande haben den Bürgerprotest bei der „Vergewaltigung" von Altstädten hautnah miterlebt. In Hameln wurde ihr eigenes Umdenken in Sachen Altstadtsanierung durch gute persönliche Kontakte zwischen ihnen, der Bürgerschaft und Rat und Verwaltung gefördert. Der Abteilungsleiter für Sanierungen bei der NEUEN HEIMAT BREMEN, Reinhard Wehmeier, schrieb in der NH-Zeitschrift STADT am 25. November 1983 unter dem Titel „Hameln gibt seiner Altstadt ein neues Gesicht":

„Als das Städtebauförderungsgesetz 1971 in Kraft trat, war die kontroverse Diskussion über die Erneuerungskonzeption schon voll entbrannt. Während die Befürworter weiterhin von einer modellhaften Sanierung sprachen, befürchteten die Gegner eine Zerstörung der Altstadt. Es ergab sich die paradoxe Situation, daß ein Konzept in Frage gestellt wurde, welches als Grundlage der Förderpolitik der öffentlichen Hand galt und auf das die speziellen Bestimmungen eigentlich zugeschnitten waren. Die Abbruchmaßnahmen, die bis dahin **fast zwanzig Prozent der Bausubstanz von 1966 vernichtet** hatten, sollten gestoppt werden. So kam es 1973 zu einer ersten Fortschreibung, bis 1975 nach einer weiteren Überarbeitung das für die Durchführung letztlich bis heute gültige Sanierungskonzept verabschiedet wurde. Die Konzeptmodifizierung war die Wende zu einer stark ausgeprägten **erhaltenden** Erneuerung mit fast vollständiger Aufgabe der ursprünglich vorgesehenen Innenbebauung sowie mit Erhaltung der ursprünglich für den Abbau vorgesehenen historischen Straßenzüge. Wesentliches Merkmal ist die gegenüber den Ursprungsplanungen stärker ausgeprägte Absicht einer umfassenden Modernisierung und Instandhaltung der Altbebauung. Dieses Konzept war in den letzten acht Jahren und ist noch heute Grundlage für eine konsequente Stadterneuerung. Es findet breite Zustimmung bei den Bürgern; es fördert die unbedingt notwendige Mitwirkungsbereitschaft und ist insgesamt als weitaus bessere und tragfähige Lösung anzusehen ..."

Die Geschichte der NEUEN HEIMAT beweist, daß fachliche Leistungsfähigkeit zusammen mit hervorragenden politischen Kontakten noch keine Garantie für wirtschaftlichen Erfolg sein müssen. Als die Gigantomanie des Geldes und der Architektur zu Ende ging und die „Unzulänglichkeiten" des obersten Managements bekannt wurden, war die Pleite der NEUEN HEIMAT vorprogrammiert.

Abrißplanung in Hameln hinter verschlossenen Türen

Bei der Ratswahl am 19. März 1961 errang die SPD 15 Mandate, die CDU 10, die DP 4, der BHE 3 Mandate und die FDP 1 Mandat. Am 13. April 1961 wurde Rechtsanwalt Dr. jur. Friedrich Sander (CDU) von der Gemeinschaftsfraktion CDU / DP / BHE / FDP zum Oberbürgermeister gewählt. Bürgermeister wurde Helmut Greulich (SPD).
Ende 1964 ging Oberstadtdirektor Georg Wilke in Pension. Auf Vorschlag der CDU kandidierte um seine Nachfolge der damalige Stadtkämmerer Dr. Eberhard Spetzler, ein integrer Beamter und beliebter Mitbürger. Er war parteilos. Einige Ratsmitglieder von den Koalitionspartnern der CDU waren nicht bereit, diesen Kandidaten zu akzeptieren. Der FDP-Ratsherr Architekt Werner Wünschmann sprach dies mir gegenüber und in aller Öffentlichkeit deutlich aus. Obwohl die Wahlniederlage des CDU-Kandidaten Dr. Spetzler vorprogrammiert war, hat es die CDU unter ihrem Oberbürgermeister und Parteivorsitzenden Dr. Friedrich Sander nicht fertiggebracht, einen ihren Koalitionspartnern genehmen Kandidaten vorzuschlagen. Am 4. Mai 1964 wurde Dr. jur. Louis Storck (SPD) in nicht öffentlicher Ratssitzung in geheimer Wahl mit 17 zu 15 Stimmen als Nachfolger von Georg Wilke (SPD) zum Oberstadtdirektor gewählt.
Die CDU bekam von den Bürgern die „Quittung" für ihr politisches Versagen und verlor die nächste Kommunalwahl. Am 27. September 1964 errang die SPD mit 17 Sitzen die absolute Mehrheit im Rat. Die CDU erreichte 12 Mandate, die FDP 2 und der BHE und die WGH (Wählergemeinschaft Hameln) je einen Sitz. Am 26. Oktober 1964 wurde Ratsherr Friedel Leunig (SPD) zum Oberbürgermeister gewählt.
Damit war die „politische Landschaft" in Hameln entscheidend verändert. Dies machte sich bei der Wahl eines neuen Stadtbaurates bemerkbar. Wunschkandidat von Oberstadtdirektor Dr. Storck war Dipl.-Ing. Klaus Marwitz (SPD). Dieser war bis dahin Leiter der Bauverwaltung in der Stadt Langenhagen bei Hannover gewesen. Er hatte die erweiterte Staatsprüfung für den höheren Bauverwaltungsdienst nicht abgelegt. Vor der Wahl des neuen Stadtbaurates brachte die SPD einen Dringlichkeitsan-

trag im Rat durch, wonach die Hauptsatzung der Stadt in dem Sinne geändert wurde, daß für den Chef der Bauverwaltung die erweiterte Staatsprüfung für den höheren Bauverwaltungsdienst nicht erforderlich war. Mit der absoluten Mehrheit von 17 SPD-Stimmen im Rat wurde Dipl.-Ing. Klaus Marwitz am 13. Dezember 1965 zum Stadtbaurat gewählt. Nach dem Weggang von Dr. Storck nach Bonn hat auch Dipl.-Ing. Klaus Marwitz Hameln verlassen. Er wurde im April 1970 von Bausenator Stephan Seifritz (SPD) zum Chef der Technischen Abteilungen der Bauverwaltungen des Stadtstaates Bremen berufen.

Als Dr. Louis Storck am 1. Januar 1965 nach Hameln kam, war er zuvor zweieinhalb Jahre Stadtdirektor in Gronau/Westfalen gewesen. Die Deister- und Weserzeitung schrieb dazu: „Dr. Storck hat ein kommunalpolitisch sehr bewegtes Jahr hinter sich, und zwar stand in Gronau die Altstadtsanierung zur Diskussion, ein Objekt von etwa 50 Millionen DM." Dr. Louis Storck ist zum „Motor" der Hamelner Altstadtsanierung geworden. Seine großen Verdienste um die Stadt Hameln sind unbestritten, obwohl Jahre später seine Grundkonzeption kritisiert und abgelehnt wurde. Ohne die Initiative von Dr. Louis Storck wäre die Altstadtsanierung nicht zu finanzieren gewesen. Hameln war die erste Stadt, die sich um das „große Geld" beim Bund und beim Land Niedersachsen bemühte. Bald sprach man bundesweit von Hameln als „Modellfall Nr. 1 der Altstadtsanierung".

Dr. Storck bekam wegen seiner energischen Planungen schnell guten Kontakt zum Bundesminister für Wohnungsbau und Städtewesen, Dr. Lauritz Lauritzen (SPD). Er wurde von ihm im Sommer 1968 zum Ministerialdirektor und im Oktober 1969 bei der Regierungsneubildung im nunmehrigen Bundesministerium für Städtebau und Wohnungswesen zum beamteten Staatssekretär berufen. Als Dr. Lauritz Lauritzen als Bundesminister ausschied und Dr. Joachim Vogel (SPD) dieses Ministerium übernahm, war Dr. Storck noch einige Monate sein Staatssekretär, bis er am 1. März 1973 als Vorsitzender des Vorstandes zur Deutschen Bau- und Bodenbank und zur Deutschen Gesellschaft für öffentliche Arbeiten nach Frankfurt ging. Am Jahresbeginn 1978 kam Dr. Storck zum Beamtenheimstättenwerk nach Hameln. Im Juni 1979 wurde er Mitglied der Geschäftsführung und im Juli 1981 deren Vorsitzender. Damit wird aber den Ereignissen in Hameln weit vorgegriffen.

Die Gültigkeit der Ratswahl vom 27. September 1964 war von einem Wahlberechtigten u. a. deshalb angefochten worden, weil der Kandidat Dr. jur. Friedrich Sander seinen Hauptwohnsitz nicht in der Stadt Hameln hatte, sondern auf dem Ohrberg in Klein Berkel, das damals noch zum

Landkreis gehörte. Der Rechtsstreit ging bis zum Bundesverwaltungsgericht, das am 5. Juli 1966 die Revisionsbeschwerde von Dr. Sander wegen seiner Kandidatur zum Rat der Stadt Hameln verwarf. Daraufhin wurde der am 27. September 1964 gewählte Rat der Stadt Hameln aufgelöst. Bis zur Neuwahl des Rates am 16. Oktober 1964 konnten Sitzungen des Rates und seiner Ausschüsse nicht mehr stattfinden.

Die Wiederholungswahl für den Rat der Stadt Hameln am 16. Oktober 1966 brachte für die SPD 17 Sitze, für die CDU 11, für die FDP 4, für die NPD 2 und für den BHE keinen Sitz. Oberbürgermeister blieb der Ratsherr Friedel Leunig. Ein Mitglied der NPD-Gruppe war parteilos. Die Mitglieder des Bauausschusses kamen weitgehend aus dem Baubereich, drei Bauunternehmer, ein Farben- und Glasgroßhändler, ein Maurer und zwei Geschäftsführer von Wohnungsbaugesellschaften.

Am 15. September 1967 war von Vertretern aus Institutionen und Vereinen die „Aktionsgemeinschaft Altstadtsanierung" gegründet worden. Die Geschäftsführung besorgte die Zweigstelle der Industrie- und Handelskammer in Hameln. Die Aktionsgemeinschaft hat eng mit der Verwaltung zusammengearbeitet, die Sanierungspläne niemals grundsätzlich abgelehnt, sondern nur Einzelheiten kritisiert.

Vorsitzender der „Aktionsgemeinschaft Altstadtsanierung" war Apotheker Professor Dr. Günther Kerstein, sein Stellvertreter Kreishandwerksmeister Ludwig Dörries. Professor Kerstein verkaufte Teile seines Grundstücks zwischen Bäckerstraße 5 und Kleine Straße 19 mit einer Gesamtgröße von 997 qm und bekam außerdem eine Entschädigung für die Betriebsverlegung und Zinszuschüsse. Tischlermeister Ludwig Dörries verkaufte sein Grundstück in einer Gesamtgröße von 1078 qm, bekam eine Entschädigung für die Betriebsverlegung und ein günstiges Ersatzgrundstück in Wangelist. Farben- und Glasgroßhändler Fritz Bredemeyer, Mitglied des Bauausschusses, verkaufte Teile seines Firmengeländes in der Altstadt und verlegte den Großteil seines Betriebes an den Ohrberg bei Hameln.

Zwiespältig zu den Sanierungsplänen war die Haltung von Kaufmann Otto Viehoff, des damaligen Vorsitzenden des Einzelhandels-Verbandes im Kreis Hameln-Pyrmont. Insbesondere seine Meinungen zum geplanten Warenhaus an der Weser wurden von den meisten Einzelhändlern nicht geteilt. Es kam daraufhin zur Gründung eines eigenen Einzelhandels-Verbandes für die Stadt Hameln unter Vorsitz von Kaufmann Wolfgang Steiniger.

Am 17. November 1966 beauftragte die Stadt Hameln die GEWOS mit einem Gutachten über die Sanierung der Hamelner Altstadt. Im Abschnitt „Hameln an der Weser und das Planungsziel für die Altstadtsanierung" habe ich die Absichten der GEWOS und der NEUEN HEIMAT ausführlich dargestellt. Von Herbst 1966 bis Herbst 1967 wurden die Sanierungspläne nur in den Ausschüssen des Rates behandelt, **also hinter verschlossenen Türen.** Anders als heute gab es damals nach der Niedersächsischen Gemeindeordnung noch keine öffentlichen Ausschußsitzungen und somit auch keine Presseberichte hierüber. Die Ratsmitglieder der verschiedenen Parteien haben sich mehrfach über die mangelnde Information des Ratsplenums beschwert.

„Unter Beteiligung aller mitwirkenden Planer und Mitglieder der Städtebaukommission der GEWOS und Professor Dr. May" befaßte sich am 10. November 1967 ein Obergutachter-Gremium mit dem Gutachten der GEWOS. Dieses Gremium erklärte danach: „Bei Durchführung der Planungsarbeiten für die Sanierung der Altstadt sind die Interessen der Wirtschaft, der zentralen Funktionen und der Denkmalpflege sorgfältig berücksichtigt worden. Es wird betont, daß ein besseres Ergebnis durch Ausschreibung eines Wettbewerbs keinesfalls zu erwarten ist."

Nach einer außerordentlichen nichtöffentlichen Ratssitzung am 8. Oktober 1967 diskutierte der Rat am 15. November 1967 nochmals in einer nichtöffentlichen Ratssitzung über die Grundkonzeption zur Altstadtsanierung, diesmal in Gegenwart von Pressevertretern und Mitgliedern der „Aktionsgemeinschaft Altstadtsanierung", von der noch zu reden sein wird.

Am 15. Dezember 1967 beschloß der Rat in einer außerordentlichen öffentlichen Ratssitzung mit Stimmen der SPD- und CDU/FDP-Fraktion mit 30 gegen 3 (NPD) Stimmen die Grundkonzeption der Altstadtsanierung sowie die Veränderung der Straßenführung der B 83 im Zusammenhang mit dem Neubau der zweiten Weserbrücke. Nach den Worten von Oberstadtdirektor Dr. Storck seien Kosten für die Sanierung von etwa 200 Mio. DM zu erwarten, davon unrentierliche Kosten (für Planung, Ausfallkosten für bodenordnende Maßnahmen, für Entkernung der Hinterhöfe usw.) von rund 40 Mio. DM. Bund, Land und Stadt trügen je ein Drittel.

Vor dem Beschluß über die Sanierungskonzeption und z. T. auch danach bestand in mancherlei Hinsicht Unklarheit über den Umfang der beabsichtigten Abbruchmaßnahmen. Nach einem Bericht der Deister- und Weserzeitung von Mitte Januar 1968 sagte Oberstadtdirektor Dr. Louis Storck: „... einige Häuser, es sind genau 32, in denen außerdem nur 41 Mieter wohnen... sollen abgerissen werden." (Es muß wohl Bewohner heißen, da auch Besitzer in ihren Häusern gewohnt haben. D.V.). An

anderer Stelle hieß es dann, daß es sich um die Wohnung von „... einem Fünftel der in der Altstadt wohnenden Menschen..." handeln sollte. Nach genauem Studium der Bebauungspläne kam Frau Elsa Buchwitz zu folgendem Ergebnis:
„95 Häuser – nicht nur 32 Häuser – sollen **allein** nach den Bebauungsplänen 401 und 404 **in der Altstadt** abgerissen werden. Darin befinden sich 346 Wohnungen. Ein Viertel der Altstadt wird verschwinden. Außerdem werden der Zufahrt zur neuen Weserbrücke noch weitere Häuser zum Opfer fallen. Insgesamt sollen 160 Häuser abgerissen werden, in denen 590 Besitzer oder Mietparteien wohnen."
Frau Elsa Buchwitz untersuchte das Gutachten der GEWOS über die Erhaltungsfähigkeit von Bauwerken in der Stadt Hameln. Sie konnte an fünf Beispielen beweisen, daß die Einstufung mit wenig Sorgfalt vorgenommen war. Ein alter Schuppen im Hinterhaus Bäckerstraße 8 kam in die beste Rubrik: Einwandfreier baulicher Zustand! Haus Emmernstraße 7, fünf Jahre zuvor neu erbaut, bekam die Bewertung: Nur mit größtem wirtschaftlichem Aufwand modernisierbar bzw. instandsetzbar! Haus Emmernstraße 6, erbaut im Jahre 1936 und in tadellos gepflegtem Zustand, wurde ebenfalls als abbruchreif bewertet. Haus Emmernstraße 9, zwölf Jahre zuvor neu erbaut, wurde als „nur bedingt modernisierbar bzw. abrißbedürftig" bezeichnet. Hinter dem Haus Emmernstraße 6 befand sich ein alter, baufälliger Holzschuppen mit angrenzender Scheune. Beurteilung: „Bester baulicher Zustand!"
Frau Elsa Buchwitz schrieb zu ihren Nachforschungen in der Deister- und Weser-Zeitung folgenden Kommentar: „Es klingt wie Hohn, wenn man bei diesem Ergebnis von großer Sorgfalt spricht, und es ist naheliegend, daß man von der Qualität des veröffentlichten Planes auf die Qualität des ganzen restlichen Gutachtens der GEWOS schließen kann. Mit seinen 150 Seiten, 38 Anlagen, Karten, Tabellen, Statistiken – für teures Geld erstellt – ist es in erster Linie dazu da, um uns von der Baufälligkeit und der geschäftlichen Rückständigkeit unserer eigenen Stadt zu überzeugen."
Stadtverwaltung und Bevölkerung hatten seit langer Zeit eine zusätzliche Weserbrücke verlangt, weil der Durchgangs- und Fernverkehr die Stadt und besonders die Innenstadt blockierten. Oberstadtdirektor Dr. Storck benutzte diesen alten und verständlichen Wunsch, indem er zwischen Thiewall und Klütviertel den Bau einer neuen Brücke forcierte und zwar „direkt ins Kaufhaus". Das Stubenstraßen-Viertel sollte dadurch für die Karstadt AG interessant gemacht werden.
Dipl.-Ing. Bernd Koetzold wies nach, daß der damalige Durchgangs- und Fernverkehr durch eine Brücke in der Nähe des Kaufhauses nicht abge-

leitet würde, weil der Verkehrsstrom sich auf dem schmalen Weserufer zwischen Klütberg und Weser weiter durchquälen müßte. Dipl.-Ing. Bernd Koetzold war technischer Direktor des Kraftwerks Wesertal und zugleich Geschäftsführer der Kraftverkehrsgesellschaft in Hameln gewesen und dadurch besonders sachkundig. In früheren Planungen war dort, wo die „Brücke direkt ins Kaufhaus" gebaut werden sollte, nur an eine innerstädtische Brücke gedacht. Schon damals wurde eine „stadtnahe Südtangente" zur Entlastung der Stadt vom Fernverkehr gefordert.

Nach dem Sanierungskonzept von 1967 sollten die freigelegten Innenhofbereiche mit viergeschossigen Flachdachbauten „gefüllt" werden. Für den Bereich der Randzonen der Innenstadt waren vier monströse Parkbrücken über die „Wälle" geplant. Diese Parkbrücken wurden als besonders „modellhaft" bezeichnet. Sie fielen bald der massiven Kritik aus Bevölkerung und Fachkreisen zum Opfer. Zur Aufnahme des ruhenden Verkehrs sollten Tiefgaragen gebaut werden. Nach Wegfall der massiven Innenbebauung und der Parkbrücken wurden die hierfür geplanten Abbrüche auf ein Minimum reduziert. Die weitere Entwicklung wird im Abschnitt „Von der Flächen-Sanierung zur Objekt-Sanierung" dargestellt.

Um die Entwicklung der Altstadtsanierung in Hameln zu verstehen, muß man den Wechsel der „handelnden Personen" kennen. Darum soll hier auch über den Nachfolger von Dr. Storck berichtet werden. Als der erfolgreiche Hamelner Verwaltungschef im Spätsommer 1968 Ministerialdirektor im Bundesministerium für Wohnungswesen und Städtebau geworden war, mußte der Rat der Stadt Hameln einen neuen Oberstadtdirektor wählen. Wunschkandidat der „regierenden" SPD-Fraktion war anfangs Dr. Rolf Krumsiek (SPD), bisher Stadtrat für Ordnungswesen in Göttingen. Er war gut bekannt mit Oberbürgermeister Leunig (SPD) und Dr. Storck (SPD). Beide haben ihn zur Kandidatur ermuntert. Die CDU nominierte wieder den Hamelner Stadtkämmerer Dr. jur. Eberhard Spetzler (parteilos), der 1964 dem SPD-Kandidaten Dr. Louis Storck unterlegen war.

Als am 4. September 1968 der neue Oberstadtdirektor vom Rat gewählt werden sollte, verließ die CDU/FDP-Fraktion den Sitzungssaal und machte damit das Stadtparlament beschlußunfähig. Vordergründig hätte man darauf schließen können, daß CDU und FDP in der Hoffnung auf eine Änderung der Mehrheitsverhältnisse im Rat die Kommunalwahl am 29. September 1968 abwarten wollte. Wahrscheinlich war aber die Ursache für die Verhinderung der Wahl am 4. September 1968 ein quer durch die Parteien bestehender Wunsch, einen „anderen" Oberstadtdirektor zu wählen, als Dr. Louis Storck es gewesen war. Sein autoritärer „Regierungsstil" hatte allen Parteien mißfallen.

Auf Wunsch des hannoverschen Regierungspräsidenten de Terra (CDU) erörterten autorisierte Vertreter mit ihm die aufgetretenen Schwierigkeiten. Der Regierungspräsident gab nach dem Gespräch bekannt, daß nach dieser Aussprache die Wahl am 17. September 1968 auf breiter Grundlage erfolgen könnte. Das war aber ein Irrtum.

Am 23. Oktober 1968 wurde mit 18 von 33 Stimmen Dr. jur. Adolf Guder (SPD) zum neuen Oberstadtdirektor gewählt, während Dr. Spetzler mit 15 Stimmen unterlag. Es ist anzunehmen, daß Dr. Guder auch Stimmen von der FDP bekommen hat. Dr. Guder war bisher Beigeordneter der Stadt Herten in Nordrhein-Westfalen. Diese Position entsprach der eines (hauptamtlichen) Stadtrates in Hameln.

Dr. Krumsiek hatte am Abend vor der Wahl erfahren, daß sich die SPD-Fraktion mit einigen FDP-Ratsherren auf Dr. Guder geeinigt hatten. So wurde Dr. Krumsiek nicht dadurch überrascht, daß er bei der Wahl keine Stimme bekam. Wahrscheinlich war Dr. Krumsiek mit seiner eigenen Effizienz dem scheidenden Dr. Storck zu ähnlich. Auch die SPD hatte mit ihrem Parteifreund Storck ihre Schwierigkeiten gehabt. Die „Niederlage" hat Dr. Krumsiek in seiner Karriere nicht geschadet. Nach seiner eigenen Meinung ist sie ihm eher förderlich als hinderlich gewesen. Er wurde bald Oberstadtdirektor in Wuppertal, dann Staatssekretär in der Staatskanzlei des Landes Nordrhein-Westfalen und ist jetzt Justizminister in Düsseldorf.

Der neue Oberstadtdirektor Dr. Guder zeigte von Anfang an wenig Initiative und nur eine geringe Kooperationsbereitschaft. Er bekam Schwierigkeiten mit seinen Dezernenten, insbesondere mit Stadtbaurat Marwitz, der 1970 nach Bremen gegangen ist. Zusammengefaßt kann man sagen, daß die Mehrheit des Rates jenen Oberstadtdirektor bekommen hatte, der „anders" als Dr. Storck war.

In die Amtszeit von Oberstadtdirektor Dr. Guder fallen die Verkäufe der wertvollen Grundstücke des Weserbergland-Hotels, für das Bellevue-Center und das Warenhaus an der Weser. Die Kungelei um diese Komplexe ist der SPD und Oberstadtdirektor Guder schlecht bekommen. Am 25. März 1973 fand die Gemeindewahl in der durch Eingemeindungen vergrößerten Stadt Hameln statt. Die SPD errang 20 Mandate, die CDU 18 und die FDP 5. Rechtsanwalt Dr. Walter-Dieter Kock (CDU) wurde Oberbürgermeister einer CDU-FDP-Koalition. Am 27. Februar 1980 wurde Dr. Eduard von Reden-Lütcken (CDU) zum Oberstadtdirektor gewählt. Er war bis dahin Stadtkämmerer von Hameln. Eine Wiederwahl von Dr. Guder stand überhaupt nicht zur Diskussion.

Altstadtsanierung im Meinungsstreit

Als der Rat am 15. Januar 1968 die entscheidenden Baupläne 401 bis 404 im Entwurf verabschiedete, wurde der Öffentlichkeit in vollem Umfang bekannt, daß ein Viertel der Altstadt zum Abbruch bestimmt war.
Am 8. Januar 1968 wurde die „Vereinigung Hamelner Bürger zur Erhaltung ihrer Altstadt e. V." gegründet, von Betroffenen und ideell Interessierten. Die „Vereinigung" hatte bald 250 Mitglieder. Rechtsanwalt Dr. Lothar Ganser wurde zum Vorsitzenden gewählt, zu seinem Stellvertreter Rechtsanwalt Walter Güldenpfennig, zum Kassenwart der Internist Dr. Paul Voigts und zum Schriftführer Frau Elsa Buchwitz. Meine Ehefrau und Kollegin Dr. Juliana Kater hat von Anfang an mitgearbeitet, und ich habe das Amt des Pressesprechers übernommen. Die „Vereinigung" trat am 31. Januar 1968 in einer überfüllten Mitgliederversammlung erstmalig in der Öffentlichkeit auf. Als Alternative zu der bekannt gewordenen Sanierungsplanung schlug die „Vereinigung" vor:
Sinnvolle Sanierung des Altstadtkerns mit Entrümpelung der Innenhofbereiche; Begrünung der Innenhöfe als „grüne Lungen der Stadt". Erschließung der Altstadt zur Weser hin durch Anlegung einer breiten Weserpromenade. – Beseitigung des Zuchthauses vom schönsten Platz der Weser. – Bau von Parkhäusern an den wichtigsten Einfahrtstraßen der Altstadt.
Die „Vereinigung" begrüßte, daß die Hauptstraßen der Altstadt nur dem Fußgängerverkehr vorbehalten werden sollten. Da ältere Menschen sich in der Altstadt offenbar wohlfühlen, sollten sie dort auch wohnen bleiben können. Um neue Altenwohnungen am Stadtrand überflüssig zu machen, müßten Versorgungseinrichtungen in die Innenhöfe verlegt werden. Zinsgünstige Darlehen müßten gewährt werden an Altstadt-Hauseigentümer zur Erhaltung und Modernisierung ihrer Häuser und an Handels- und Handwerksbetriebe zur repräsentativen Ausstattung ihrer Unternehmen.
Die „Vereinigung" lehnte entschieden ab:
Vier monströse Parkbrücken über die Wälle. – Niederlegung ganzer Altstadtviertel für die Errichtung von Kaufhäusern. – Errichtung von Hinterhäusern zu Wohnzwecken in Innenhofbereichen.

Abgelehnt wurde ein Busbahnhof in der Innenstadt, weil er mit den Zufahrten wie ein Riegel die Altstadt von der Weser abtrenne und außerdem unmittelbar neben einer Erholungszone umweltfeindlich sei. Von diesem geplanten Busbahnhof wäre der Weg ins Zentrum der Altstadt nicht kürzer als von irgendeinem Punkt der Wälle, die die Altstadt

Die „Parkbrücken" über die Wallstraßen
(Karl Schneider in: NEUE HEIMAT 7 [1968]).

umschließen. Die „Vereinigung" verlangte eine sorgfältige Objektsanierung in der Altstadt, statt der Zerstörung ganzer Stadtviertel durch Flächensanierung.

Die „Vereinigung" organisierte am 21. Februar 1968 eine Informationsveranstaltung in der historischen „Ratsschänke zum Rattenkrug" in Hameln. Hierzu wurden nicht nur die Bürger der Stadt, sondern insbesondere die Mitglieder der Landespressekonferenz Niedersachsen eingeladen. Dazu erschienen Journalisten vom NDR-Fernsehen Hannover, vom ZDF-Studio Hannover, von der WELT-Redaktion in Hannover, von der Frankfurter Allgemeinen-Redaktion Hannover, von der Hannoverschen Allgemeinen, von der Hannoverschen Presse, von der Hildesheimer Allgemeinen, von der Hannoversch-Mündener Allgemeinen, von der Deutschen Presseagentur (dpa) und von der Hamelner Deister- und Weserzeitung.

Als Referenten der „Vereinigung" standen zur Verfügung: Herr Meyer-Hermann aus Celle, bekannt durch zahlreiche Publikationen über die Hamelner Stadtgeschichte, Ratsherr Rechtsanwalt Dr. Ganser als Kommunalpolitiker, Kaufmann Eggers und Kaufmann Sievers zu Problemen des Einzelhandels, Rechtsanwalt Dr. Stobbe aus Hannover zu rechtlichen Fragen der Stadtplanung und Architekt Dipl.-Ing. Ernst-Friedrich Brockmann, bekannt durch Planung und Errichtung zahlreicher Großbauten in Hannover (Industrie- und Handelskammer, Neues Ärztehaus u. a.). Die anwesenden Journalisten erhielten in Umdrucken Informationen über: Hameln an der Weser / Rat und Wahlbeamte der Stadt Hameln / Kleine Baugeschichte von Querenhameln / Die sogenannte Altstadtsanierung / Nur 32 Häuser, außerdem nur 41 Familien? und weiterhin die Alternativ-Vorschläge der „Vereinigung". Diese Umdrucke wurden auch an nicht anwesende Mitglieder der Landespressekonferenz geschickt, deren Interesse angenommen werden konnte.

Trotz des guten Starts vor der Presse bekam die „Vereinigung" keinen oder nur wenig Zuspruch aus der Hamelner Bevölkerung. Die „Vereinigung" wurde kaum sachlich kritisiert, sondern man versuchte, sie mundtot zu machen mit dem aufgebauschten Hinweis, daß Ratsherr Dr. Lothar Ganser Mitglied der NPD war. Er hatte zuvor viele Jahre der CDU angehört, war Senator und Bürgermeister in Hameln gewesen und durch interne Querelen aus seiner früheren Partei herausgegrault worden. Angesehene Persönlichkeiten zogen sich aus der „Vereinigung" zurück mit der offenen Begründung, daß sie anderenfalls mit beruflichen Benachteiligungen rechnen müßten. Ebenso vermieden Hamelner Architekten engere Kontakte zu der „Vereinigung", obwohl sie sachlich die gleiche

Kritik übten. Die „Vereinigung" wurde von der Hamelner Presse entweder totgeschwiegen oder ihre Mitglieder wurden im Hamelner Lokalteil der Hannoverschen Presse als „Ewig Gestrige" abqualifiziert.
Die fünf bekannten Hamelner BDA-Architekten Arnold, Focke, Schikowsky, Vollmer und Wünschmann haben am 13. März 1968 in der „Hamelner Presse" u. a. geschrieben: „Es soll später nicht heißen, wir hätten geschwiegen, obwohl wir berufen gewesen waren, unsere Meinung zu sagen. Es handelt sich bei unseren schwerwiegenden Bedenken nicht um architektonische oder stilistische Bedenken, sondern um Fragen grundsätzlicher Art, in denen wir einer Meinung sind:
1. Die gewachsene Altstadt soll bei der Sanierung vollkommen in ihrer Struktur geändert werden. Jetzt soll ein zweites Geschäftsviertel mit Zentrum Stubenstraße entstehen. Dieses Viertel steht in keinem organischen Zusammenhang mit dem altgewachsenen Stadtteil. Es steht durchaus nicht fest, ob durch dieses neue Geschäftsviertel das alte Auftrieb erhält.
2. Der Fortfall des Fahrverkehrs im größten Teil der Altstadtstraßen ist begrüßenswert. Daß dann rückwärtige Aufschließungsstraßen notwendig werden, ist selbstverständlich. Doch die Idee, in den entkernten Höfen eine große Anzahl mehrgeschossiger Wohnbauten zu errichten, halten wir für außerordentlich bedenklich. Es kommt noch dazu, daß in den einzelnen Bebauungsplänen die Innenbebauungen derartig eng geplant sind, daß deren Bewohnung weder hygienisch noch architektonisch erfreulich sein wird, besonders, da die neuen Bewohner keinen anderen Ausblick haben als auf die Hinterfronten der alten Häuser..."
Die bekannte Publizistin Dr. Heddy Neumeister stellte unter der Überschrift „Was muß eigentlich saniert werden?" am 1. Juli 1968 in der „Frankfurter Allgemeinen Zeitung" folgende Frage:
„Wo sind diese sanierungsbedürftigen Wohnungen, Häuser oder gar ganze Stadtviertel? Das Wohnungsbauministerium hat ein sehr gefährliches Gesetz ausgeheckt, das sogenannte Städtebauförderungsgesetz, das es alsbald vor das Parlament bringen will. Dieses Gesetz sieht weitgehend Einschränkungen der Eigentümerrechte in nicht näher genannten Sanierungsgebieten vor. Was mit den Menschen geschieht, die aus solchen enteigneten und abgebrochenen Häusern vertrieben werden – wo sie immerhin ein, wenn auch vielleicht schlechtes Obdach hatten –, hat Professor Andersen für Amerika untersucht. Er hält es für wahrscheinlich, daß die Negerunruhen vielfach auf diese behördlich geschaffene Obdachlosigkeit zurückgehen. ... Bei näherer Betrachtung scheint das neue Gesetz vor allem dazu zu dienen, einem überflüssigen Ministerium,

dem Wohnungsbauministerium, und einer gar nicht überflüssigen, aber in ihrer jetzigen Ausdehnung überbesetzten Bürokratie des sogenannten sozialen Wohnungsbaus Beschäftigung und Mittel zu verschaffen. In Berlin wurde kürzlich eine Grundstücksschiebung der GEWOBAG aufgedeckt, bei der dem Käufer eine Million DM an Gewinn zugespielt worden war. Ähnliche dubiose Vorgänge bei bayerischen Behörden sind noch in frischer Erinnerung. Aber auch ohne Korruption: Die Bebauungspläne wurden jeweils nach den Wünschen großer sozialer Wohnungsbauunternehmen gemacht ..."

Unter der Leitung von Kurt W. Krebs diskutierten im 3. Fernsehprogramm des Norddeutschen Rundfunks im Februar 1969 der Präsident der Hamburger Architektenkammer Dipl.-Ing. Walter J. M. Bunsmann, der Leiter des Zentralinstituts für Raumplanung der Universität Münster, Professor Dr. Werner Ernst, der Hamburger Bausenator Cäsar Meister und der technische Direktor der Wohnstätten AG in Essen, Peter Urban. Eingeschaltet wurden Interviews u.a. mit dem Hamelner Stadtbaurat Marwitz, mit Bundesminister Dr. Lauritzen und Albert Vietor von der NEUEN HEIMAT. Vietor sagte: „Um die gewaltigen Aufgaben der Stadtentwicklung erfüllen zu können, ist die Partnerschaft zwischen der öffentlichen Hand und leistungsfähigen Unternehmen notwendig. Ein Beispiel: Die Erneuerung des citynahen Hamburger Stadtteils St. Georg ist eine Aufgabe, die die Leistungskraft der Behörden der Hansestadt übersteigen würde." Darauf entgegnete Dipl.-Ing. Bunsmann: „Zum Abbruch braucht man wohl Legitimation, und die Legitimation zum Abbruch ist immer die, daß man durch Zerstörung von Bauwerken Raum schafft für größere, besser geeignete Werte. Und diese Legitimation muß im konkreten Einzelfall erst immer erworben werden, und zwar nicht nur vor dem Denkmal ... Wir haben das warnende Beispiel Amerika vor Augen. Glauben Sie, daß wir hier in der Bundesrepublik daraus lernen können oder lernen wollen, um zu verhindern, daß es uns genauso passiert?"

Der Vorstand der „Vereinigung" verfaßte eine bebilderte Broschüre „Hameln – Modellfall Nr. 1 für die Zerstörung unserer Altstädte?". Darin waren alle Häuser abgebildet, die nach den Planungen abgerissen werden sollten. Die Broschüre wurde im April 1970 verschickt an Landtagsabgeordnete, Journalisten von Presse, Funk und Fernsehen, Wissenschaftler und interessierte Persönlichkeiten des öffentlichen Lebens. Frau Elsa Buchwitz fuhr mit einer ausreichenden Anzahl dieser Broschüren zum Bundestag nach Bonn. Mit Hilfe des Hamelner Bundestagsabgeordneten Eberhard Pohlmann (CDU) erreichte sie die Erlaubnis der Bundestagsverwaltung, daß die Broschüre allen Bundestagsabgeordneten ins Postfach gelegt wurde.

Am 27. Juni 1969 hatte der Rat der Stadt Hameln einstimmig (bei zwei Enthaltungen) als Vorentscheidung für die zweite Weserbrücke am Thiewall den Bebauungsplan der Verwaltung beschlossen. Am 7. Juni 1971 wurde mit dem Bau der Thiewallbrücke begonnen. Sie wurde am 4. April 1974 für den Fußgänger- und Autoverkehr freigegeben. Auch heute kann der Straßenverkehr in der Stadt Hameln von zwei innerstädtischen Brücken nur mit Schwierigkeiten bewältigt werden, weil sich der Fernverkehr nach wie vor durch die Stadt Hameln und auf dem Westufer der Weser zwischen Fluß und Klütberg hindurchquälen muß. Die neue Thiewallbrücke ist allerdings für den städtischen Binnenverkehr – für die Autofahrer in der Stadt – eine große Erleichterung, zumal der Verkehr und die Zahl der Kraftfahrzeuge seit 1974 weiter zugenommen hat. Diese Verkehrserleichterung durch die Thiewallbrücke kann aber nicht darüber hinwegtrösten, daß durch den Brückenneubau an dieser Stelle die erforderliche stadtnahe Südtangente mit Brücke für den Fernverkehr in absehbarer Zeit nicht realisiert werden kann.

Auch die Literaturkritikerin der FAZ, Professor Dr. Marianne Kesting, hatte die Broschüre „Hameln – Modellfall Nr. 1 für die Altstadtsanierung?" erhalten. Sie setzte sich mit der „Vereinigung" in Verbindung und besuchte in Hameln Frau Elsa Buchwitz sowie meine Frau und mich. Ihre Gespräche wurden fortgesetzt mit der Hamelner Stadtverwaltung, Redakteuren der Deister- und Weserzeitung, Hamelner Ratsherren und in Detmold mit Dipl.-Ing. Bernd Koetzold, der die Planungen zur neuen Weserbrücke am Thiewall sachkundig kritisiert hatte. Für den Vorstand der „Vereinigung Hamelner Bürger zur Erhaltung ihrer Altstadt" war dies der Beginn einer guten und erfolgreichen Zusammenarbeit mit Frau Professor Kesting, die bis heute fortgesetzt wurde.

Am 1. April 1972 erschien in der Frankfurter Allgemeinen Zeitung der Artikel von Frau Professor Kesting: „Eine Brücke direkt ins Kaufhaus / Wie in Hameln und an anderen Orten saniert wird." Er fand in Öffentlichkeit und in Fachkreisen breite Zustimmung. Ein Leser aus Brüssel schrieb: „Ich habe mehrere Jahre in Hameln gelebt und die Stadt sehr lieb gewonnen. Glaubt man wirklich, Hameln für Besucher anziehender zu machen, wenn man einen Teil der dem Krieg glücklich entronnenen Altstadt einem modernen Warenhaus opfert? Die deutschen Stadtverwaltungen sollten das Beispiel der Altstadt Leuven (Löwen) studieren. Dort hat man das verrottete Beginenviertel saniert, indem man die Fas-

saden der Häuser wieder hergerichtet und im Inneren moderne Kleinwohnungen gebaut hat."
Die Deister- und Weserzeitung veröffentlichte am 6. April 1972 den Artikel von Frau Professor Kesting und schrieb dazu: „Kein Wunder, daß bei denen, die den Artikel gelesen haben, unterschiedliche Reaktionen erfolgen und daß nun ganz allgemein in Hameln eine Diskussion in Gang kommt. Als Grundlage für diese Diskussion sollten aber auch diejenigen, die diesen Artikel nicht gelesen haben, seinen Inhalt kennen. Deshalb drucken wir den Beitrag trotz der Länge im Wortlaut ab und lassen, als weniger wichtig für diese Diskussion, lediglich die Hinweise auf andere Städte und allgemeine Folgerungen am Ende weg."
Oberstadtdirektor Dr. Guder nahm am 14. April 1972 unter der Überschrift „Auch elegant geschriebene Polemik darf auf Tatsachen nicht verzichten" in der Deister- und Weserzeitung Stellung: „Der Beitrag von Marianne Kesting über die Altstadtsanierung ist bedauerlicherweise völlig einseitig. Auch dem unbefangenen Leser muß sich die Frage aufdrängen, ob denn der Rat, die Stadtverwaltung, Heimatvereine und Industrie, Handel und Museumsverein, Bundes- und Landesministerien und Journalisten sich überhaupt nichts bei der jahrelang geplanten Altstadtsanierung gedacht haben, sondern daß nur die von Frau Kesting mehrfach positiv erwähnte Bürgervereinigung den Stein der Weisen in der Hand hat. Es muß nach dem Beitrag von Frau Kesting so scheinen, als ob eine Verschwörung blindwütiger Technokraten ausgezogen sei, die Romantik einer glücklicherweise vom Krieg unversehrten Stadt einer Geschichtslosigkeit zu opfern. Frau Kesting ist erkennbar ‚Argumenten' zum Opfer gefallen, die von der in ihrem Artikel erwähnten Bürgervereinigung stammen, die sich jedoch hier seit langem als Unwahrheiten oder Halbwahrheiten herausgestellt haben. Deshalb wird diese ‚Vereinigung' auch hier nicht als ernsthafter Partner angesehen. Zusammenfassend läßt sich sagen, daß der Beitrag von Frau Kesting eben nicht ein wünschenswerter kritischer Beitrag zum drängenden Problem der Altstadtsanierung und Stadtentwicklung ist, sondern eine unsachliche Polemik."
Frau Professor Kesting befaßte sich am 22. April 1972 in der Deister- und Weserzeitung mit der Stellungnahme von Oberstadtdirektor Dr. Guder, die ihrer Meinung nach geeignet wäre, die Fakten für diejenigen, die nicht mit ihnen vertraut sind, umzulenken und zu verstellen. Dr. Guder ließe sich Punkt für Punkt widerlegen. Wörtlich sagte Frau Professor Kesting: „**1.** Abriß ist nicht die einzige Möglichkeit, die Slumbildung zu verhindern. Man kann die Häuser renovieren, sogar hinter die alten Fassaden moderne Wohnungen bauen, und so den Charakter der Altstadt wahren.

In Hameln hat die Stadt schon seit langen Jahren ‚Veränderungssperren' verhängt, die verhindern, daß bestimmte Häuser renoviert werden; sie hat die eigenen Häuser verkommen lassen, um heute darauf hinzuweisen, daß sie verkommen sind – ein vielfach auch anderenorts geübter Brauch, um ‚Sanierungen' voranzutreiben.
2. Das GEWOS-Gutachten enthält die von mir genannten vier fragwürdigen Kategorien. Das Gutachten des Landeskonservators kenne ich nicht. Entweder hat er das ältere Viertel der Stadt, das nun abgerissen wird, nicht als ‚schutzwürdig' deklariert – oder die Stadt hat sich über seine Meinung hinweggesetzt. Eine andere Alternative gibt es nicht.
3. Die als ‚unumgänglich' bezeichneten Abrisse geschehen wegen eines Kaufhauses, das auch woanders stehen könnte. Dieses Kaufhaus, nebst Parkhochhaus wird mit Sicherheit den Charakter der Altstadt beeinträchtigen. Das kann niemand verhindern, auch Dr. Guder und der Konservator nicht.
4. Die einstige relativ geschlossene Mehrheit im Stadtparlament zugunsten der ‚Sanierung' besteht nicht mehr. Hier ist eine Diffusion der Meinungen eingetreten, die vor der Öffentlichkeit verborgen wird, um das Projekt nicht zu gefährden. Die GEWOS ist nicht de jure, aber durch Personalverflechtungen eine Tochtergesellschaft der NEUEN HEIMAT. Laut ‚Welt' vom 27. 8. 1968 ist der Vorsitzende des Vorstandes der NEUEN HEIMAT zugleich der Präsident der GEWOS. Beide Gesellschaften ‚sanieren' auch in anderen Städten gemeinsam und empfehlen einander als ‚beste Möglichkeit'.
5. Ob Kaufhäuser in der Altstadt Hamelns den dortigen Einzelhandel beleben oder lahm legen, ist eine Frage der Innenstadtgröße. Der Einzelhandel ist da keineswegs, wie mir von seiten der Stadt dargelegt wurde, geschlossen der Meinung der Stadtverwaltung, sondern über diese Frage in sich zerstritten.
6. Daß die NEUE HEIMAT das ‚Risiko für die Nutzung' übernimmt, wenn die Besitzer der abgerissenen Altbauten den Neubau nicht zurückkaufen können, stand als offizielle Nachricht in der ‚Dewezet'. Das ‚Reprivatisierungsgesetz' verhindert nicht, daß neue Bauherren und Hausbesitzer sich an die Stelle der einstigen setzen.
7. Die Stadt möchte vielleicht ermöglichen, daß die ausquartierten Altstadtbewohner sich wieder in der Altstadt ansiedeln, aber sie kann es faktisch nicht, da nicht genügend Wohnraum zur Verfügung steht."
Außer dieser publizistischen Diskussion zwischen Professor Dr. Marianne Kesting und Oberstadtdirektor Dr. Guder gibt es zu dieser Thematik noch folgende Veröffentlichungen:

Professor Dr. Kesting im Allgemeinen Sonntagsblatt am 27. August 1972:
„So saniert man eine alte Stadt zu Tode."
Günther Baumann (NEUE HEIMAT) im Allgemeinen Sonntagsblatt am 27. August 1972: „Die Romantiker mißachten das Interesse der Bürger / Mit Gerüchten auf Rattenfang".
Leserbriefe dazu im Allgemeinen Sonntagsblatt am 17. September 1972.
Professor Dr. Kesting in der Deutschen Zeitung am 2. November 1973:
„Städte sterben im Namen des Volkes".
Professor Dr. Kesting am 9. November 1973 in der Deutschen Zeitung;
„Ein Kaufhaus kommt selten allein / Macht der Planer – Ohnmacht der Bürger".
Professor Dr. Kesting am 16. November 1973 in der Deutschen Zeitung:
„Vertrieben von der NEUEN HEIMAT".
Im Mai 1972 forderte Günther Rupp im ZDF-Länderspiegel „Raum für ein lebendiges Stadtzentrum in der Hamelner Altstadtsanierung".
Professoren der Technischen Hochschule Hannover kamen am 1. und 7. Juni 1972 mit ihren Studenten zu einer Lehrveranstaltung in das Kleine Haus der Weserbergland-Festhalle. Es sollte an Ort und Stelle die Vermutung geklärt werden, ob es sich bei dem Slogan „Hameln – Modellfall Nr. 1 der Altstadtsanierung" um eine gefährliche Verdrehung des Wortes „Sanierung" handeln würde. Die Professoren waren im Winter 1971/72 zu dieser Vermutung gekommen, als das GEWOS-Gutachten in einer öffentlichen Veranstaltung den Denkmalpflegern in Hannover vorgestellt worden war.

Dr. Klaus Wittkau, Professor für Stadtplanung an der Technischen Universität Hannover, leitete am 7. Juni 1972 die zweite der Lehrveranstaltungen in Hameln als eine Podiumsdiskussion zum Thema „Kontroverse Punkte in der Planung der Altstadtsanierung von Hameln". Im Einvernehmen mit den Hochschullehrern hatte die „Vereinigung" die Hamelner Bevölkerung dazu eingeladen. Von den zahlreich erschienenen Bürgern wurden aus dem Plenum heraus etliche Anregungen gebracht.
Die Hannover-Gruppe stellte folgende kontroverse Themen heraus:
Zwischen der Stadtverwaltung und der NEUEN HEIMAT wurde eine auffällige Zusammenarbeit „eingefädelt". Das Ausmaß der beabsichtigten Abbrüche („Flächensanierung") hängt ebenso unmittelbar damit zusammen wie die beabsichtigte Kaufhausansiedlung, auch in bezug auf die zu genehmigende Größe. Der Busbahnhof als Sperrfläche an der Weser und die laut Gutachten von Dr. Schubert eingeplante neue Weserbrücke mit zweiter Ebene im Klütviertel, welche den in Richtung Höxter–Paderborn fließenden starken Südverkehr durch den Stadtkern ziehen sollte, gehören

ebenfalls in diesen Bereich. Auf der Veranstaltung am 7. Juni 1972 sagte Professor Dr. Marianne Kesting: „Was die sogenannten Städtesanierungen betrifft, die ich in aller Öffentlichkeit eine Zerstörung unserer Städte nenne, so ist die Frage zu stellen, zu welchen Gunsten sie betrieben werden. Der Volksmund nennt das Städtebauförderungsgesetz LEX NEUE HEIMAT. Ich zitiere den Ausspruch eines bekannten Städteplaners, der sagte: ‚Es gibt drei Stufen der Zerstörung unserer Städte. Die erste ist verursacht durch den Mietskasernenbau der Gründerzeit, die zweite durch den Krieg, die dritte durch die NEUE HEIMAT.' Dieser Ausspruch müßte modifiziert werden, denn es gibt noch andere Baukonzerne. Aber die NEUE HEIMAT ist zweifellos mit ihren 27 Tochter- und Enkelgesellschaften die wichtigste. Sie ist obendrein ein sozialistischer, gewerkschaftseigener Baukonzern, und das heißt wohl, daß sie sich nicht nur auf dem Wege der Postenvergebung und der Beraterverträge, sondern auch über parteiliche Bindungen Einfluß auf die beschließenden politischen Gremien verschaffen kann. Nur Städte von über 200 000 Einwohnern verfügen in ihrer Verwaltung über das Personal für eigene Planung. Die kleineren Stadtverwaltungen haben weder das Personal noch die Urteilsmöglichkeiten, um komplexe Aufgaben wie eine Stadtsanierung überhaupt zu übernehmen. In Hameln hat sich die Stadtverwaltung bis ins kleinste Detail die Kriterien und Argumente des GEWOS-Gutachtens zu eigen gemacht. Das GEWOS-Gutachten ist aber durch das Bestreben charakterisiert, der NEUEN HEIMAT möglichst umfassende Bauaufträge zu verschaffen."

Die Deister- und Weserzeitung berichtete ausführlich am 9. Juni 1972 über diese Veranstaltung unter der Überschrift: „Altstadt als Oase der Ruhe und Erholung." Bei der Diskussion saßen auf dem Podium Heinz Laackmann (Stadtplanungsamt), Peter Naujokat (NEUE HEIMAT), Stadtbaurat Rudolf Meyer, Dr. Peter Gleichmann (jetzt Professor an der TU Hannover), Professor Dr. Klaus Wittkau (TU Hannover), Dr. Marianne Kesting (jetzt Professor an der Universität Bielefeld), Dr. Hermann Kater und Dr. Wolfgang Galler (NEUE HEIMAT).

Der Dozentenkreis, der an den beiden Juni-Veranstaltungen teilgenommen hat, bestand aus: Dr. Ing. Peter Gleichmann, Soziologe (heute Professor), Dr. jur. Peter Greulich; Professor Dr. agr. Klaus Schäfer, Regionalplaner; Professor Dr. phil. Elias Siberski, Soziologe; Professor Dr. Ing. Klaus Wittkau, Architekt und Stadtplaner.

Es gelang der „Vereinigung", durch wissenschaftlich-sachliche Information die Medien und weite Kreise der Bevölkerung für ihre Argumente zu interessieren. Politisch wurde die „Vereinigung" dadurch unangreifbar, daß Dr. Lothar Ganser 1972 den Vorsitz niederlegte und aus der „Vereinigung" ausschied. Frau Elsa Buchwitz wurde zur Vorsitzenden und Frau Dr. Juliana Kater zur stellvertretenden Vorsitzenden gewählt. Im gleichen Jahre 1972 wurde Frau Elsa Buchwitz in den gesetzlich vorgeschriebenen Sanierungsbeirat der Stadt Hameln berufen. Rat und Verwaltung waren verpflichtet, diesem Beirat ausreichende Informationen zu geben und seine Anregungen zu diskutieren.

Langsam kam es in Hameln und überall in der Bundesrepublik zu einem Umdenken in Sachen Altstadtsanierung. Dies schlug sich deutlich nieder bei der Kommunalwahl in Hameln am 25. März 1973. Die SPD verlor ihre absolute Mehrheit im Rat, sowohl wegen der von ihr in Hameln forcierten Abriß-Sanierung als auch wegen der ungeliebten Gebietsreform, die insbesondere der SPD angelastet wurde. Rechtsanwalt und Notar Dr. Walter-Dieter Kock wurde Oberbürgermeister einer CDU-FDP-Koalition. Frau Elsa Buchwitz wurde in den Rat der Stadt Hameln und in den Kreistag Hameln-Pyrmont gewählt.

Im Hinblick auf diese Gemeindewahlen im März 1973 hat Oberstadtdirektor Dr. Guder (SPD) versucht, einen politischen „Stein des Anstoßes" zu beseitigen, nämlich die umstrittene „Hotel-Ruine" am Bürgergarten. Der Bau war im April 1969 begonnen worden. Der Bauherr Werner Metzlaff, der das von der Stadt Hameln erworbene Grundstück nicht bezahlt hatte, verkaufte die „Hotel-Ruine" im Dezember 1971 an den Saarbrücker Unternehmer Josef Schmidt. Um diesen Kauf zu „erleichtern", mußte ihm die Stadt Hameln gleichzeitig eine „Option" auf das danebenliegende 5629 m² große Eckgrundstück 164er Ring/Sedanstraße und außerdem auf das 8330 m² große, sehr wertvolle Gelände in der Stubenstraße geben und gleichzeitig die Zusicherung, daß dort ein Warenhaus und ein Park-Hochhaus gebaut werden könnte. (Eingehend wird hierüber im Abschnitt „Hotel-Ruine, Bellevue-Center, Warenhaus" berichtet.)

Am 13. April 1973 sprach ich auf Einladung der Evangelischen Akademie Loccum im Rahmen des Gesamtthemas „Bürgerinitiativen – Neue Formen der Kommunikation" über die Hamelner Altstadtsanierung.

Im Juni 1973 konstituierte sich am Zentrum für interdisziplinäre Forschung der Universität Bielefeld die Arbeitsgemeinschaft „Altstadtsanierung". Ich habe darüber ausführlich bereits in der Einleitung berichtet.

Die NEUE HEIMAT kam zunehmend in die „Schußlinie". Helmut Jungwirth befaßte sich im Juli 1973 in der Fernsehsendung PANORAMA mit diesem Baukonzern:

„Die gemeinnützige NEUE HEIMAT darf nur Sozialwohnungen bauen. Ihr Vorteil ist, daß sie kaum Steuern zu zahlen hat. Der zweite Konzernbereich, genannt NEUE HEIMAT STÄDTEBAU GmbH, ist mit dem gemeinnützigen Block personell und geschäftlich eng verbunden. Sie ist zu einer weltweiten Organisation geworden, die für die öffentlichen Hände wie für private Bauherren alles baut: Wohnungen in Paris, ein Hotel in Monte Carlo, luxuriöse Ferienwohnungen am Golf von St. Tropez. Aber nicht nur in Europa, auf allen fünf Kontinenten ist die NEUE HEIMAT groß im Geschäft: 600 Wohnungen mit Schwimmbad, Restaurant und Läden in Montreal/Kanada; in Asien Sanierung der City von Kualalumpur, der Hauptstadt von Malaysia; in Afrika Bau einer Wohnanlage mit 2888 Häusern in Ghana; in Israel ein Appartementhaus mit 125 Wohnungen; weitere große Objekte in den USA, Lateinamerika und Australien. Schon ein Drittel des gesamten Bauvolumens der NEUEN HEIMAT wird in der STÄDTEBAU GmbH abgewickelt, wo Gewinne gemacht werden dürfen. Aber nach den Richtlinien des DGB soll die NEUE HEIMAT ihre Politik so einrichten, daß deutlich wird, durch welche Strukturen und Verhaltensweisen die von den Gewerkschaften angestrebte Ordnung geprägt sein soll, d.h. sie soll nicht an Profit denken, sondern an das Gemeinwohl. Teuerste Eigentumswohnungen und Luxushotels sind aber kaum geeignet, den Lebensstandard der meisten Arbeitnehmer zu erhöhen. Dennoch: Der Chef der Industriegewerkschaft Bau, Steine, Erden, Rudolf Sperner, gleichzeitig Aufsichtsratsvorsitzender der NEUEN HEIMAT, rechtfertigt diese Politik: ‚Wir haben neben dem gewerkschaftlichen den freien Teil, in dem sich die NEUE HEIMAT so bewegt wie andere Unternehmen, nur mit dem Unterschied, daß das Ziel nicht die Gewinnmaximierung ist.'"

Dazu in der gleichen Sendung Jochen Steffen, damals noch führend in der SPD von Schleswig-Holstein: „Diese Verquickung zwischen Politik und Geschäft ist kapitalismusüblich, und ich finde, es ist also einfach Pharisäertum, wenn sich Unternehmer darüber aufregen, die jeden Tag das gleiche machen. Das Problem scheint zu sein, daß hier ungerechtfertigte Wettbewerbsvorteile gemacht werden."

Und weiter hieß es in PANORAMA: „Wo die NEUE HEIMAT die besten Geschäfte abwickelt, ist sie auch in den politischen Gremien stark vertreten. In Hamburg berät ein Prokurist der NEUEN HEIMAT als SPD-Deputierter die Baubehörde. In Westerland auf Sylt ist ein Angestellter der NEUEN HEIMAT Vorsitzender des örtlichen Bauausschusses. In Bayern sitzt ein Geschäftsführer der NEUEN HEIMAT in der SPD-Landtagsfraktion und sorgt für den Kontakt zu den Münchener

kommunalen Behörden. Der NEUE-HEIMAT-Aufsichtsrat Rudolf Sperner bestätigt, daß der Weizen der NEUEN HEIMAT vor allem auf ihr politisch befreundetem Boden blüht."
Der Kunsthistoriker Dr. Gottfried Kirchner brachte im Mai 1974 im Zweiten Deutschen Fernsehen den Film „Weserballade". Er zeigte von Bückeburg über Hameln bis Hannoversch-Münden wertvolle historische Bausubstanz und den Beginn einer Vernichtung vieler erhaltungswürdiger Gebäude. Der Film hat in der Öffentlichkeit aufrüttelnd gewirkt.
Das Düsseldorfer Kom(m)ödchen nannte 1974 sein Programm „Geschieht der Regierung ganz recht, daß uns die Hände abfrieren! Warum kauft sie uns keine Handschuhe?" – Ein Sketch darin heißt „Schöne NEUE HEIMAT". Zwei betrunkene Herren, gut bürgerlich gekleidet, stolpern auf die Szene. Einer der beiden alten SPD-Genossen ist Bürgermeister, der andere Stadtbaurat: „Dann hast Du Dich gefälligst dafür zu interessieren, wie der größte gewerkschaftseigene Laden läuft! Wenn Du ein Mann in einer verantwortlichen Stellung bist, dann hast Du Deine öffentliche Hand aufzusperren zum Wohle einer gemeinnützigen Firma! Gemeinnützig habe ich gesagt! Das ist etwas anderes wie diese privaten Konzernhyänen!"
Die „Arbeitsgemeinschaft Altstadtsanierung" am Zentrum für interdisziplinäre Forschung der Universität Bielefeld hat 1974 als Arbeitsergebnis die Broschüre herausgegeben: „Altstadtsanierung/Städtezerstörung durch Stadtplanung und Sanierung?" Diese Kritik an der bisherigen Sanierungspraxis hat insbesondere die Fachwelt interessiert.
Am 28. Mai 1974 kam die Hannover-Gruppe (Greulich, Schäfer, Siberski, Wittkau) ein weiteres Mal mit Studenten nach Hameln. Sie trafen in der Stadtsparkasse Hameln mit Stadtbaurat Rudolf Meyer und Peter Naujokat von der NEUEN HEIMAT Bremen zusammen. Thema war die Erhaltung der Kleinen Straße und der Thietorstraße. Es wurden Zweifel angemeldet an der zwischenzeitlich erfolgten Grundstücksanhäufung in der Hand des Sanierungsträgers NEUE HEIMAT und an der Möglichkeit zur Durchführung einer Reprivatisierung nach §§ 25, 35 Städtebauförderungsgesetz. Professor Siberski bezeichnete die von der GEWOS gegebene Auskunft für unzutreffend, daß die Renovierung alter Häuser von Grund auf pro Quadratmeter eineinhalb mal so teuer wie ein Neubau wäre. Professor Siberski verwies auf die Möglichkeit zur Kostensenkung durch serielle Fertigung und betonte, daß die genannten Schätzpreise sich bei offizieller Hinwendung zur Einzelgebäudeerhaltung verringern würden. Diese Äußerungen von Professor Siberski wurden von Vertretern des Sanierungsträgers NEUE HEIMAT Bremen mit Kopfschütteln quittiert.

In Hameln begann der Wandel in der Sanierungskonzeption, als die NEUE HEIMAT Bremen Baupläne für die Häuser an der Westseite der Kleinen Straße vorlegte, die einen weitgehenden Abriß der dort stehenden Häuser bedeuteten. Es war damit zu rechnen, daß die Altsubstanz auch auf der Ostseite dieser Straße fallen sollte.

Die „Vereinigung Hamelner Bürger zur Erhaltung ihrer Altstadt" und der Haus- und Grundbesitzerverein Hameln und Umgebung lud mittels einer Annonce in der Deister- und Weserzeitung zu einer öffentlichen Veranstaltung am Freitag, dem 13. Dezember 1974, ins Kleine Haus der Weserbergland-Festhalle ein. Das Diskussionsthema lautete: „Kurswechsel in der Altstadtsanierung?"

An der Podiumsdiskussion haben teilgenommen: Dipl.-Ing. Architekt Walter J. M. Bunsmann (Präsident der Hamburgischen Architektenkammer), Professor Dr. Werner Gehrmann (Lehrbeauftragter für Bau- und Bodenrecht an der TU Aachen, bekannt durch seine Kommentierung des Städtebauförderungsgesetzes), Professor Dr. Roland Günther (Stadtplanungspublizist), die Architekten Rolf Hasse und Theodor Henzler (vom „Münchener Forum"), Bau-Stadtrat a. D. Karl H. Schäfer (Lehrbeauftragter der TU Berlin), Professor Dr. Klaus Wittkau (Stadtplaner an der TU Hannover), Dr. jur. Peter Greulich (Fakultät Rechtswissenschaften, Bau- und Architektenrecht der TU Hannover) und Oberbaurat Gerhard Schulze (Leiter des Stadtplanungsamtes). Die Diskussion wurde geleitet von Frau Elsa Buchwitz und Herrn Walter Geske (Geschäftsführer des Haus- und Grundbesitzervereins). An der Diskussion beteiligten sich auch Oberbürgermeister Dr. Walter-Dieter Kock (CDU), Ratsherr Werner Bruns (FDP) und Dipl.-Ing. Hans S. Suhr als Vertreter des Einzelhandelsverbandes. Die genannten auswärtigen Podiums-Teilnehmer gehörten zur Arbeitsgruppe „Altstadtsanierung" am Zentrum für interdisziplinäre Forschung der Universität Bielefeld.

Im Bericht der Deister- und Weserzeitung vom 16. Dezember 1974 über das „Mammut-Forum" wurde auf die programmatischen Erklärungen von CDU und FDP auf der vorangegangenen Pressekonferenz mit der Deister- und Weserzeitung verwiesen. (Siehe Abschnitt „Von der Flächensanierung zur Objektsanierung.")

Am 21. August 1976 berichtete die Deister- und Weserzeitung unter der Überschrift „Soll Hamelns Weserufer ewig ein Stiefkind bleiben?" über eine Diplomarbeit an der Technischen Universität Hannover, veranlaßt von Professor Dr. Klaus Wittkau vom Fachgebiet Stadtplanung. Für den Diplomanden Hartmut Pohl hatte Professor Wittkau die Anregung gegeben, zu untersuchen, wie die Hamelner Weserfront einmal aussehen

sollte. Hartmut Pohl stieß bei seinen Forschungen in Hameln und bei der Untersuchung der Pläne und der bisherigen Durchführung der Altstadtsanierung seiner Meinung nach auf eine Reihe von Mängeln, so z. B.:
1. Die Papen- und Sudetenstraße mit Omnibuslinien und starkem Verkehr trennen die Altstadt vom Weserufer ab, obwohl gerade dieses Weserufer das „Gesicht der Stadt sein solle und auch werden könnte".
2. Den Amtsgerichts-Neubau, die Berufsschule und andere Bauten, natürlich auch das geplante Kaufhaus, hält der Verfasser der Diplomarbeit für Maßstabsbrüche in diesem Viertel, die die Bebauung stören.
3. Der Verfasser hält die Wohnblock-Bebauung für zu kompakt.
Hartmut Pohl machte folgende Vorschläge:
1. Der Verkehr durch die Sudetenstraße und Papenstraße (Wesertangente) soll aufgehoben werden, der Omnibus-Bahnhof außerhalb des Wallringes verlegt werden. Dafür ist der Kreisverkehr um die Altstadt mit genügend Omnibus-Haltestellen auf den Wällen zu versehen.
2. Statt des Kaufhauses sollten weniger kompakt ein Wohn- und Geschäftsblock, eventuell kombiniert aus lauter gegliederten Einheiten im Fünfeck gebaut, entstehen. Eine Art großen Promenadenplatz möchte der Planer zur Weser hin als Freifläche einfügen.
3. Der Weseranlagen-Zusammenhang soll gewahrt und erschlossen werden. Die Werder- und Schleuseninsel muß an diesen Fußgänger- und Freizeitbereich angehängt werden.
Professor Dr. Klaus Wittkau und der Diplomand Hartmut Pohl haben diese Diplomarbeit auf Wunsch dem Verwaltungsausschuß der Stadt Hameln vorgestellt.
Der Meinungsstreit über die Altstadtsanierung hat sich vielerorts positiv ausgewirkt, nicht nur in Hameln. Berichte in Presse, Rundfunk und Fernsehen haben ebenso dazu beigetragen, wie das uneigennützige Engagement von Hochschullehrern und Praktikern aus allen Bereichen. So kam es allmählich in der breiten Öffentlichkeit, bei den Bürgern, in den Stadtparlamenten und in den Stadtverwaltungen zu einem Umdenkungsprozeß in der Altstadtsanierung.

Von der Flächensanierung zur Objektsanierung

Schon vor Wirksamwerden des Städtebauförderungsgesetzes am 1. August 1971 wurden **Einzelmaßnahmen** von Bund und Land bezuschußt. Im Städtebauförderungsgesetz war auch Modernisierung vorgesehen, also Objektsanierung. Aber erst 1979 wurde in den Richtlinien zum Städtebauförderungsgesetz (StBauFG) die Beteiligung von Bund und Land auch an der Objektsanierung geregelt. In der Praxis war es zuvor meist so, daß nach dem Städtebauförderungsgesetz eher abgerissen und neugebaut als am Objekt saniert wurde.

Wie kam es in Hameln zum Übergang von der brutalen Flächensanierung zu einer sensiblen Objektsanierung?

Die Kleine Straße in der Hamelner Altstadt war ein „Modell für das Umdenken". Bei der Ratswahl am 25. März 1973 errang die SPD 20 Mandate, die CDU 18 und die FDP 5 Mandate. Am 24. April 1973 wurde der Ratsherr Rechtsanwalt Dr. Walter-Dieter Kock (CDU) mit 22 Stimmen von CDU und FDP (gegen 21 Stimmen der SPD) zum Bürgermeister gewählt. (Der Titel des Oberbürgermeisters war bei der Gebietsreform weggefallen. Es wurde ab 1. August 1978 wieder eingeführt). Der CDU/FDP-Koalition im Rat der Stadt Hameln ist es gelungen, eine zuvor perfekte Abriß-Neubau-Ideologie bei der Hamelner Altstadtsanierung zu überwinden. Nach dem Planungskonzept von 1967 war eine weitgehende Erhaltung der Straßenrandbebauung vorgesehen. In Anbetracht des Abrisses zahlreicher Vorderhäuser in den historischen Straßen konnte man keinesfalls von einer weitgehenden Erhaltung der Straßenrandbebauung sprechen. Die entkernten Innenbereiche sollten mit großen Wohnblöcken bebaut werden, und daher gab es gar keine Möglichkeit zur Erweiterung der Grün- und Erholungsflächen in der Altstadt. Die geplanten monströsen Parkhäuser zu beiden Seiten der „Wälle", verbunden über mehrere Etagen durch sogenannte Parkbrücken, hätten die Maßstäblichkeit der alten Stadt zerstört. Jede dieser Parkbrücken war größer als die in der Altstadt vorhandenen Gebäude. Besonders gegen

diese Parkbrücken wandte sich die Kritik der Bürger (siehe auf S. 64 den Entwurf einer solchen Parkbrücke, etwa auf der Höhe der inzwischen abgebrochenen alten katholischen Kirche am Ostertorwall).
Am 2. September 1970 waren dem Sanierungsträger NEUE HEIMAT folgende Aufgaben übertragen: Bodenordnung, Grunderwerb, Umsetzung von Betrieben, Ersatzwohnraumbeschaffung für Mieter, Freimachung von Grundstücken, Betreuung von Modernisierungsmaßnahmen und Neubebauung auf Wunsch der Betroffenen, Erörterungen mit den Betroffenen im Rahmen der Sozialplanung, Mitwirkung bei der Reprivatisierung und Privatisierung von Grundstücken.
Meine erste Erinnerung an das Umdenken der CDU stammt von einer Versammlung im überfüllten Saal des Hotels „Zur Börse" am 24. März 1971. Der damalige CDU-Fraktionsvorsitzende im Rat, Senator Dr. Walter-Dieter Kock, der Kreisvorsitzende der Jungen Union, Ratsherr Arnold, und die Ratsherren Grupe und Lühr diskutierten mit den Bürgern der Stadt über die katastrophalen Folgen der bisherigen Flächensanierung und über die Möglichkeiten, aus diesem Dilemma herauszukommen. Einige Mitglieder der CDU-Ratsfraktion waren zwar am Beschluß über die Grundkonzeption zur Altstadtsanierung am 15. Dezember 1967 noch nicht beteiligt gewesen. Sie hatten aber mit ihrer Fraktion den bisher verabschiedeten Bebauungsplänen und dem Sanierungsvertrag mit der NEUEN HEIMAT zugestimmt. Dr. Kock erläuterte, warum CDU, FDP und die Gruppe Ibsch am 26. Februar 1971 den Bebauungsplanentwurf 406 für das Gebiet zwischen Emmernstraße, Baustraße, Museumsgasse und Osterstraße zur erneuten Beratung an die Ausschüsse zurückgewiesen hatten. Auch die SPD-Fraktion hatte schließlich zugestimmt. Die „Hannoversche Presse" nannte das eine „Panne". Nach Ansicht von Dr. Kock wäre es bei der bisher vorgesehenen aufwendigen und unrentablen Bebauung nach dem Planentwurf 406 zu einer kalten Enteignung der Grundstückseigentümer gekommen, wenn die neuen Gebäude im Besitz des Sanierungsträgers geblieben wären. Die Deister- und Weserzeitung brachte am 3. März 1971 zu der Ablehnung von Senator Dr. Kock noch dessen treffende Formulierung: „Wir glauben nicht, daß hier Geschäfte ein einträgliches Dasein fristen und eine ausreichende Rendite abwerfen können."
Bisher hatten fast alle Ratsmitglieder immer einmütig den Bebauungsplanentwürfen der Verwaltung zugestimmt. Mit der Erklärung von Dr. Kock in dieser CDU-Versammlung kam eine „ganz neue" Einstellung der CDU zum Ausdruck. Die anwesenden Bürger begrüßten diese Tendenz in der Altstadtsanierung und forderten die CDU-Ratsmitglieder auf,

mehr als bisher die Interessen der Bürger wahrzunehmen. CDU, FDP und die Gruppe Ibsch hatten im Rat nicht die Mehrheit. Dennoch war diese qualifizierte Minderheit in der Lage, wirtschaftlichen und ideellen Schaden abzuwenden. Obwohl die SPD zu diesem Zeitpunkt über die Majorität von Stimmen verfügte, duldete sie die Absetzung des Bebauungsplans 406. Offenbar hatten auch Mitglieder der SPD-Ratsfraktion „kalte Füße" bekommen.

Die Planung von sogenannten Parkbrücken über die Wälle wurde bald nach Bekanntwerden dieser irrsinnigen Vorstellungen unter dem massiven Druck der Bevölkerung und Presse aufgegeben, aber auch durch Einsicht der Verantwortlichen in Rat und Verwaltung. Aus dieser Entscheidung ergab sich die Notwendigkeit, für den ruhenden Verkehr Parkhäuser zu schaffen und dafür geeignete Standorte festzulegen.

Bei der Planung von Parkbrücken, so am Ostertorwall an der Einmündung der Wilhelmstraße, war ein Parkhaus in der Kleinen Straße im ursprünglichen Sanierungskonzept von 1967 nicht vorgesehen. Dieses Sanierungskonzept wurde 1971 vom Rat geändert. Danach war ein zentrales Parkhaus in der Kleinen Straße geplant. Das war auch der Wunsch des Einzelhandels, der sich durch die gute Verkehrsanbindung des Kaufhauses in der Stubenstraße benachteiligt fühlte. Das Parkhaus in der Kleinen Straße sollte sowohl öffentlichen wie auch privaten Zwecken dienen. Zur Durchführung dieser Planungen war ein Abriß sämtlicher Häuser an der Westseite der Kleinen Straße erforderlich. Darüber kam es zu heftigen Diskussionen.

Schon vor 1973 waren umfangreiche Abrisse erfolgt, insbesondere im Bereich der Thietorstraße, der Stubenstraße und der Zehnthofstraße. Die Verwaltung hatte sich daran gewöhnt, Häuser sofort abzureißen, wenn die Stadt diese selbst erworben hatte oder durch die NEUE HEIMAT hatte erwerben lassen. Es wurde also abgerissen, ehe die Bebauungspläne für eine Neubebauung oder für die Sanierung rechtskräftig waren.

Der CDU-Fraktionsvorsitzende Klaus Arnold hat die kommunalpolitische Situation vom Frühjahr 1973 so in Erinnerung: „CDU und FDP haben im Frühjahr 1973 gerade deshalb koaliert, weil sie bezüglich der Änderung der bisherigen Altstadt-Sanierungskonzeption gleichen Sinnes waren." Noch vor Beginn der Koalition zwischen CDU und FDP hatte der Beigeordnete Dr. Walter-Dieter Kock am 24. April 1973 bei einer Diskussion im Rat zur Garage Bebauungsplan 407 (Kleine Straße) gesagt: „...daß ein Betonklotz, wie ihn die ursprüngliche Lösung vorsah, nicht gerade vorteilhaft ist."

Im Juni 1973 wurde die Arbeitsgemeinschaft „Altstadtsanierung" am Zentrum für interdisziplinäre Forschung der Universität Bielefeld gegründet durch Professor Dr. Marianne Kesting, Bielefeld, und Dipl.-Ing. Walter J.M. Bunsmann, Präsident der Architektenkammer Hamburg. Aus Hameln waren dabei: Frau Elsa Buchwitz, Dr. Juliana Kater und ich. Im November 1974 erschien eine Dokumentation dieser Arbeitsgemeinschaft mit dem Titel „Altstadtsanierung: Städtezerstörung durch Stadtplanung und -sanierung?". Daran waren Fachleute aus dem ganzen Bundesgebiet und West-Berlin beteiligt. Ich habe an anderer Stelle in diesem Buch schon darüber berichtet. Diese Dokumentation hat die Diskussion über Abriß und Neubau oder gediegene Objektsanierung bundesweit beeinflußt.

Bei den Planungen für ein großes Parkhaus in der Kleinen Straße und den Diskussionen hierüber in Rat, Verwaltung und Bürgerschaft war zu erkennen, wie um eine grundsätzliche Änderung der Sanierungskonzepte gerungen wurde. Nach der ersten Planung sollte ein Mammut-Parkhaus über der Erde gebaut werden, integriert mit Wohnungen, Gemeinschaftsräumen, Geschäfts- und Büroflächen. Dieses Konzept wurde 1973 modifiziert und danach war eine **Tiefgarage** vorgesehen. Auch bei diesem Vorhaben hätten die meisten Häuser an der Westseite der Kleinen Straße verschwinden müssen. Die beiden Hamelner Architekten Hermann Pracht und Bernd Herschel und der Sanierungsträger NEUE HEIMAT wurden mit Änderungsvorschlägen beauftragt. Dazu wurde auch der Berliner Professor Mielke aufgefordert, ein Mitarbeiter der Bielefelder Arbeitsgemeinschaft. Er lehnte solche Planungen ab, weil die vorhandene Bausubstanz nach Möglichkeit erhalten werden sollte und weil er nicht bereit war, sich an weiteren Abrissen in der Innenstadt zu beteiligen.

Am 12. September 1973 beschloß der Rat eine erste Fortschreibung des gesamten Sanierungskonzeptes. Damit traten folgende Veränderungen ein:

Teilweiser Verzicht auf die Innenblockbebauung zugunsten größerer Freiflächen; Erhaltung weiterer historischer Randbebauung, Aufgabe des Rathausstandortes an der Weser, erweiterte Grün- und Erholungsflächen im Weserbereich, verringerte Verkehrsfläche der Andienungsstraßen mit geänderter Trassenführung zugunsten einer Ausdehnung der Fußgängerbereiche, Wegfall der Planungen von sogenannten Parkbrücken, mit denen Parkhäuser beiderseits des Altstadtringes verbunden werden sollten, dafür vorwiegend Tiefgaragen mit geänderten Standorten.

Am 4. März 1974 wurden von der NEUEN HEIMAT und den Architekten Hermann Pracht und Bernd Herschel Entwürfe zur Neubebauung

in der Kleinen Straße eingereicht. (Die Architekten Pracht und Herschel hatten ihre Arbeitsgemeinschaft aufgelöst und jeder für sich einen eigenen Entwurf abgegeben, jedoch zum vereinbarten Gesamthonorar).
Vorgesehen war danach der Bau einer **Tiefgarage mit aufstehender Wohnbebauung** in altstadttypischer Kleinmaßstäblichkeit. Auch dazu hätten die Häuser auf der Westseite der Kleinen Straße abgerissen werden müssen. Hierüber kam es zu heftigen Diskussionen im Sanierungsbeirat, in der Aktionsgemeinschaft Altstadtsanierung, in Rat und Verwaltung und auch in der Bürgerschaft. Die Deister- und Weserzeitung hat die Diskussion um die Gestaltung der Kleinen Straße und weiterer Altstadtbereiche durch eine intensive Berichterstattung begleitet, ausgelöst durch das besondere Engagement der Redakteurin Brigitte Niemeyer, des Verlegers Günther Niemeyer jun. und des Redaktionsmitgliedes Karl-Richard Würger. Die Dewezet schrieb am 26. Juli 1974 über das „Ringen um die Gestaltung der Kleinen Straße": „Am 15. August wird der Bauausschuß seine Entscheidung treffen über die Gestaltung der westlichen Häuserfront an dieser malerischen Gasse im Herzen der Stadt."
Die Verwaltung hatte die Vorschläge des Sanierungsträgers NEUE HEIMAT Bremen und der Hamelner Architekten Hermann Pracht und Bernd Herschel durch ein Gutachtergremium beurteilen lassen. Diesem gehörten an: Dr. Boeck, Oberkonservator in Hannover, Baudirektor Rudolf Christfreund und Ministerialrat Hans-Georg Gierke, beide ebenfalls aus Hannover, und der Hamelner Stadtbaurat Rudolf Meyer. Der Gutachterausschuß empfahl den Entwurf der NEUEN HEIMAT Bremen, weil er wirtschaftlich am ehesten seinen Vorstellungen entspräche. Nach diesem Plan sollten über der Tiefgarage einige Läden und etwa 40 Wohnungen in den neuerrichteten Häusern entstehen. Dagegen empfanden die Gutachter den Entwurf des Architekten Pracht als „untypisch für die städtebauliche Situation". Am 30. Juli 1974 befaßte sich der Sanierungsbeirat mit diesen Entwurfsvorschlägen für eine Wohnbebauung in der Kleinen Straße im Bereich der geplanten Tiefgarage (Bebauungsplan 407). Die gutachterlichen Beurteilungen der Entwurfsvorschläge und die Entwürfe selbst wurden sehr engagiert beraten. Als Vertreter der „Vereinigung Hamelner Bürger zur Erhaltung ihrer Altstadt" forderte ich die Sitzungsteilnehmer auf, sich für den Entwurf des Architekten Hermann Pracht zu entscheiden. Meiner Meinung nach paßte dieser Entwurf nicht nur am besten in das Bild der Altstadt, sondern er bot auch „mehr Licht und Sonne" als die beiden anderen Entwürfe. An die Vertreter der NEUEN HEIMAT gewandt bezeichnete ich die Häuser ihres Entwurfes als „Hundehütten" und fragte, ob ihren Architekten nichts anderes ein-

fiele. Auch der Vorsitzende des Sanierungsbeirates, Ratsherr Hans-Wilhelm Vogeley, plädierte für den Entwurf des Architekten Hermann Pracht. Die übrigen Mitglieder des Sanierungsbeirates votierten mit deutlicher Mehrheit ebenfalls dafür.

Der Bauausschuß tagte am 15. August 1974 in folgender Besetzung: Stellvertretender Vorsitzender Ratsherr Wilhelm Hennecke (Tündern), Ratsherrin Langehein (in Vertretung für Frau Buchwitz) und die Ratsmitglieder Fiebig, Hennecke (Hilligsfeld), Lühr, Nolte, Vetter und Wilhelm. Der Bauausschuß hat sich über die Empfehlung des Sanierungsbeirates hinweggesetzt. Er beschloß auf Vorschlag der Verwaltung den hochbaulichen Entwurf Nr. 407, die Übernahme des Bebauungsplanentwurfes 407 und damit den weitgehenden Abriß der Altbausubstanz an der Westseite der Kleinen Straße. Nach Ansicht von Stadtbaurat Meyer sollte das Bebauungsplanverfahren wegen der Gestaltungsfragen nicht noch wesentlich verzögert werden. Die Verwaltung wollte im Einvernehmen mit der NEUEN HEIMAT Bremen den Vorschlag unterbreiten, für die Verwirklichung der Wohnbebauung auf der geplanten Tiefgarage den Architekten Hermann Pracht zu beauftragen. Die NEUE HEIMAT

Thietorstraße bis zum Abriß

Bremen übernähme auf der Grundlage ihres Entwurfsvorschlages die Bauträgerschaft. In dieser Sitzung erklärte Ratsherr Volker Wilhelm für die SPD, daß sie die Auffassung der Verwaltung hinsichtlich der Bebauung grundsätzlich teile und die Verwaltung ersuche, die Bebauungsplanung auf dieser Grundlage zu entwickeln.
Dr. Walter-Dieter Kock hat die Abriß-Mentalität der Verwaltung immer wieder gerügt. So schrieb er am 19. August 1974 an Stadtdirektor Dr. Guder u. a.: „Der Verwaltungsausschuß hat am 24. Juli 1974 beschlossen, daß stadteigene Gebäude im Sanierungsgebiet nicht ohne vorherige Zustimmung des Verwaltungsausschusses abgerissen werden dürfen, soweit nicht das Bauordnungsrecht einen Abriß erfordert. Ungeachtet dieses Beschlusses sind in der Zeit danach noch in der Thietorstraße Häuser abgerissen worden, insbesondere das Haus Kroseberg. Ich hatte bereits früher darauf hingewiesen, daß dieser Teil der Thietorstraße solange wie möglich erhalten werden möge, zumal er im gängigen Prospekt des Verkehrsvereins als ein idyllischer Straßenzug farblich abgebildet ist. Ich bitte um Überprüfung und Auskunft, warum der Beschluß des Verwaltungsausschusses hier nicht beachtet worden ist."
Der Beschluß über den Abriß von Gebäuden auf stadteigenen Grundstücken im Altstadtbereich war auf Antrag von Ratsfrau Elsa Buchwitz zustande gekommen. Gegen anfangs erhebliche Widerstände hatte sie durchgesetzt, daß Abrisse von Häusern im Verwaltungsausschuß beschlossen werden mußten und bei höheren Werten im Rat. Zuvor hatte die Verwaltung dies selbst entschieden.
Frau Brigitte Niemeyer befaßte sich mit den Grundsatzproblemen der Altstadtsanierung und schrieb am 22. August 1974 in der Dewezet unter der Überschrift „Das Zweite Deutsche Fernsehen will Hameln zu trauriger Berühmtheit verhelfen – Hameln als Musterbeispiel für Sanierung, die in erster Linie Zerstörung bedeutet":
„Der für den Film verantwortliche Regisseur und Kunsthistoriker Dr. Gottfried Kirchner in einem Gespräch mit der Dewezet: ‚Was hier passiert, ist mir unbegreiflich.' Der Kunsthistoriker mit Architekturstudium, der in seinem für die Kulturredaktion ‚Aspekte' verfaßten Film mehrere Städte des Weserberglandes vorstellte, will zeigen, was für die Erhaltung seiner z. T. noch relativ intakten Städte getan wird oder auch ‚wie brutal sie manchmal saniert werden.' Hameln wird in dem aus Anlaß des vom Europarat für 1975 ausgerufenen Europäischen Denkmalschutzjahres gedrehten Film zu trauriger Popularität gelangen: Eine Stadt, ‚die mit beinahe selbstmörderischer Konsequenz ihre Altstadt kaputt macht' (Kirchner). Obwohl Kunsthistoriker, geht es dem Regisseur weniger um

ästhetische Gesichtspunkte, als vielmehr um Fragen der Urbanität und darum, den Charakter der Stadt zu bewahren. Ihm liegt nicht ein einzelnes Haus, ein ‚Denkmal' am Herzen, sondern die Menschen, die in der Stadt leben und sich dort wohl fühlen sollen. Daß durch rechtzeitige Renovierung ganze Häuserzeilen hätten erhalten werden können, steht für ihn außer Zweifel. Etliche Städte, deren Altbausubstanz nicht schlechter war als in Hameln, hätten dafür Beweis angetreten. Unter anderem Hannoversch-Münden. Dort hat man nach Ansicht von Kirchner begriffen, daß die alte Fachwerkstadt eine Kapitalanlage ist. Nur im Ganzen erhalten locke sie Touristen an. Ein paar konservierte Zeugen der Vergangenheit, zwischen Beton und Glas plaziert, strahlen dagegen nur wenig Attraktivität aus. Für den Fremdenverkehr jedenfalls könne man damit wohl kaum noch werben. Hamelns Altstadt, so die düstere Prognose des Fernsehmannes, ist fast verloren. Wenn die Stadt mit dem Abbruch fortfahre, wie sie begann, bleibe auch nicht mehr ein Fünkchen von dem übrig, was man mit Atmosphäre zu umschreiben pflege und was das Leben in einer Stadt überhaupt erst lebenswert mache. Bleiben werde bekanntlich nur ein kleines Renommierzentrum: Osterstraße, Bäckerstraße und Ritterstraße, in denen die wenigen Gebäude von kulturhistorischem Weltrang stehen, danach aber, wähnt Kirchner, ist's aus."
Am 22. August 1974 tagte öffentlich auch die Arbeitsgemeinschaft Altstadtsanierung. In dieser Sitzung waren Verleger Günther Niemeyer jun., die Redakteurin Frau Brigitte Niemeyer und Redakteur Karl-Richard Würger anwesend. Karl-Richard Würger schrieb am 24. August 1974 unter der Überschrift „Skandal: Bürger fühlen sich hintergangen" in der Deister- und Weserzeitung:
„25 Mann fühlten sich getäuscht. Mehr noch, die Mitglieder der Aktionsgemeinschaft Altstadtsanierung glaubten, daß ihnen bei ihrer letzten Zusammenkunft in übler Art und Weise mitgespielt wurde. Zwei Stunden lang ließ man sie diskutieren, bevor Hamelns Stadtbaurat eingestehen mußte, daß der Gegenstand der Diskussion schon längst durch die Entscheidung des Bauausschusses vom 15. August 1974 überholt war. Zur Diskussion hatten drei Entwürfe für den Bebauungsplanentwurf 407, dem Tiefgaragenbereich, gestanden, von denen zwei bereits nicht mehr aktuell waren. Gleichwie – Hamelns Stadtbaurat, dessen Sanierungsgelüste zur Zeit im Kreuzfeuer der Medien stehen, mußte diese beiden Architekten-Arbeiten für überaus bemerkenswert gehalten haben. Ungehindert ließ er drei Stunden lang eine Diskussion hierüber zu. Die Information über die bereits erfolgte Festlegung des Bauausschusses kam nicht vom Stadtbaurat, der als zuständiger Dezernent im Bauausschuß immer dabei ist,

sondern von außen. Der Abend machte wieder einmal deutlich, daß am Selbstverständnis der verantwortlichen Sanierer etwas faul ist. Die Aussprache endete mit einem handfesten Krach. Bauausschuß und Verwaltungsausschuß der Stadt hatten sich für einen – allerdings noch zu überarbeitenden – Entwurf entschieden, nämlich den von der NEUEN HEIMAT, den die Aktionsgemeinschaft obendrein einhellig noch als den schlechtesten empfand. Verärgert zog Walter Geske, Geschäftsführer des Haus- und Grundbesitzervereins, die Bilanz des langen Abends: ‚Wir haben gelernt, daß man die Bürgerschaft nicht hört, sondern über ihre Köpfe hinweg entscheidet, und das sollten wir nicht unwidersprochen hinnehmen'."
Am 27. September 1974 trafen sich in den Räumen der Deister- und Weserzeitung Kommunalpolitiker von CDU, FDP und SPD, sowie Vertreter der Stadtverwaltung mit Redakteuren der Zeitung und Verleger Günther Niemeyer jun. Das nach den kontrovers geführten Auseinandersetzungen um die Altstadtsanierung gespannte Verhältnis zwischen Rat und Verwaltung auf der einen und der Redaktion auf der anderen Seite sollte Gegenstand des Gesprächs sein – und war es auch solange, bis der FDP-Fraktionsvorsitzende Werner Bruns dem Ganzen eine hochpolitische Wende gab. Den mehr als verdutzten Kollegen aus der Politik sowie den ebenso fassungslosen Vertretern der Verwaltung erklärte er: „Wir sind gegen die Beibehaltung des bestehenden Konzeptes", und er ließ an jenem denkwürdigen Abend keinen Zweifel daran, daß seine Partei der CDU die Koalition aufkündigen würde, sollte diese an den Abriß- und Neubauplänen für die Kleine Straße festhalten.
Der erfahrene Kommunalpolitiker war erst nach der Gemeindereform von 1973 in den Hamelner Rat eingezogen. Von dem bisherigen Werdegang der Altstadtsanierung unbelastet, konnte der Neuling – und nichtsdestoweniger Fraktionsvorsitzender der Koalitions-Partei – auf städtischem Parkett das Thema angehen, ohne den Hinweis auf vorangegangene anderslautende Beschlüsse fürchten zu müssen. Sie lagen vor seiner Zeit; er hatte sie nicht mitzuverantworten. Der Liberale aus Tündern stellte sie in Frage, zwang so die CDU zum Umdenken und leitete damit in Hameln die Wende von der Flächen- zur Objektsanierung ein.
In der Folgezeit distanzierte sich dann die CDU immer deutlicher von dem bestehenden Sanierungskonzept. Hamelns Bürgermeister Dr. Walter-Dieter Kock erkannte das Gebot der Stunde und gestand zumindest ein, „daß an einigen Stellen zu früh abgerissen wurde", und daß die Argumente der Sanierungskritiker von den Parteien aufgegriffen werden müßten.

Anders verhielten sich die ebenfalls an der Diskussion beteiligten Friedel Leunig, Fraktionsvorsitzender der SPD, Stadtdirektor Dr. Guder und Stadtbaurat Rudolf Meyer. Sie beharrten auf dem alten Konzept. Dr. Guder damals: „Ich bin der Meinung, daß die Planungen richtig sind, jedoch immer wieder überdacht werden müssen. Im Grundsätzlichen lassen die Gegebenheiten jedoch nichts anderes als das Geplante zu."
Werner Bruns ging es im September 1974 nicht allein um den Erhalt der Kleinen Straße. Als Interessenvertreter des Handel treibenden Mittelstandes wollte er auch die Kaufhauspläne vom Tisch haben und ging von folgenden Überlegungen aus: Das Großkaufhaus dürfe im Interesse des Hamelner Einzelhandels im Bereich Stubenstraße ebensowenig gebaut werden, wie in der Stadt. Wenn das Kaufhaus erst einmal stehe, dann kämen „die Einzelhändler in die Verlustzone". Ihr Steueranteil würde sinken, der des Kaufhauses das entstehende Defizit über Jahre nicht ausgleichen. Wenn aber das Kaufhaus nicht gebaut werde, dann sei auch die im Bereich der Kleinen Straße geplante Tiefgarage nicht mehr zwingend notwendig, da sie als Gegengewicht zum Omnibusbahnhof vor den Toren des Kaufhauses gedacht gewesen sei. Und schließlich: Wenn die Tiefgarage nicht mehr gebraucht werde, dann könnte die Kleine Straße erhalten bleiben. „Der Verzicht auf das Kaufhaus", so Bruns am 27. September 1974, „ist das Schwert, mit dem wir den Gordischen Knoten der Altstadtsanierung durchschlagen können."
Die Kaufhaus-Pläne waren heftig umstritten. Hamelns Einzelhändler befürchteten Verluste und eine Verödung der Innenstadt. Frau Brigitte Niemeyer (n.) berichtete darüber am 1. Oktober 1974 in der Deister- und Weserzeitung: „Der Hamelner Einzelhandel, ist Kaufmann Wolfgang Steiniger überzeugt, kann ein Kaufhaus nur verkraften, wenn allgemeines Wachstum das Wirtschaftsleben bestimmt. Doch davon könne man heute nicht mehr reden – anders als zu den Zeiten, als Rat und Verwaltung sich für ein Kaufhaus in Hameln aussprachen. Hätten wir weiterhin eine Kaufkraftbelebung mit steigenden Umsätzen, dann wäre ein Kaufhaus in Hameln vielleicht sinnvoll."
Der CDU-Fraktionsvorsitzende im Rat, Klaus Arnold, befaßte sich nach einem Bericht der Deister- und Weserzeitung vom 4. Dezember 1974 mit den Problemen der Altstadtsanierung und den Planungen der Stadt Hameln und machte die veränderte Einstellung der CDU deutlich. Die CDU-Fraktion habe durch Beendigungen des Planungswirrwarrs die Bürger deutlich vor unnötigen Aufwendungen geschützt. Arnold warnte die Verwaltung vor Verschwendung öffentlicher Mittel: „Wir haben auch in jüngster Zeit erlebt, daß die Verwaltung bei verschiedenen Vorhaben

das von uns gesetzte Limit überschritten hat. Das darf nicht passieren!"
Arnold sprach sich für ein richtig dimensioniertes Warenhaus aus, das es sowohl dem einheimischen Einzelhandel wie auch dem Kaufhaus-Konzern ermögliche, Gewinne zu erzielen. Er übte herbe Kritik an dem jetzigen Stand und dem bisherigen Gang der Sanierung: „Unsere Mahnung, daß dieser Anzug für uns zu groß geschneidert ist, hat sich bestätigt. Wir haben für ein unwirtschaftlich arbeitendes Großhotel einen ganzen Stadtbezirk eingeebnet, den heute keiner mehr haben will." (Gemeint war das „Weserbergland-Hotel", das sich erst nach mehreren Pleiten jetzt als „Dorint-Hotel" wirtschaftlich trägt.)

Am 10. Dezember 1974 veranstalteten die Vereinigung Hamelner Bürger zur Erhaltung ihrer Altstadt und der Haus- und Grundbesitzerverein Hameln und Umgebung im Kleinen Haus der Weserbergland-Festhalle eine Podiums- und Publikums-Diskussion mit dem Thema „Kurswechsel in der Altstadtsanierung?" Beteiligt waren auch Praktiker und Wissenschaftler aus Hamburg, Bielefeld, Aachen, München, Berlin und Hannover. Anwesend waren außerdem Bürgermeister Dr. Walter-Dieter Kock (CDU), der FDP-Fraktionsvorsitzende Werner Bruns und der Hamelner Stadtplaner Oberbaurat Gerhard Schulze.

CDU und FDP kamen bereits am 11. Dezember 1974 zu einer Koalitionsvereinbarung in der es u. a. hieß:

I. Erhaltung der historischen Altstadt: Die Erhaltung der historischen Altstadt Hamelns muß künftig dadurch gesichert werden, daß erhaltenswerte Bausubstanz umgehend durch praktikable Baumaßnahmen vor dem weiteren Verfall geschützt wird. Die bisher im Vordergrund stehende Flächensanierung wird künftig durch die Objektsanierung ersetzt, wozu in verstärktem Maße einheimische Architekten heranzuziehen sind. Wir wollen eine Vielfalt der Gestaltungsmöglichkeiten schon vom Angebot her und keine Planung vom „grünen Tisch".

II. Innenblockbebauung stark reduziert: Die rückwärtige Erschließung im Bereich Osterstraße und Bäckerstraße wird zügig vorangetrieben mit dem Ziel, die Fußgängerzonen so schnell wie möglich zu verwirklichen. Die bislang vorgesehene starke Innenblockbebauung wird aufgrund der Erkenntnis aus der Stadtentwicklungsanalyse (stark rückläufige Bevölkerungsentwicklung, gesättigter Wohnflächenbedarf) stark reduziert. Der Ersatzwohnungsbau im Altstadtkern soll nur noch für den tatsächlich festgestellten Bedarf erfolgen. Wir wollen „Bettenburgen" vermeiden! Durch Freilegung von Flächen in den entkernten Innenblöcken der Oster- und Bäckerstraße werden zunächst Kurzparkflächen eingerichtet.

III. Kleine Straße erhalten: Die Kleine Straße ist in altstadttypischer Fassade zu erhalten. Hierzu ist kurzfristig eine Funktionsplanung (z. B. für Kleingewerbe, Basare und ähnliches) zu erstellen und ein Ideenwettbewerb unter Hamelner Architekten durchzuführen.

IV. Tiefgarage im Bereich 407 nicht überstürzen: Für eine Tiefgarage im Bereich 407 (Kleine Straße) besteht zur Zeit unter Berücksichtigung der gemeinsamen Forderungen nach Kurzparkflächen keine Dringlichkeit. Es sind erst einmal die Erfahrungen aus dem Bau und der Nutzung der Tiefgarage am Rathaus sowie die Annahme der vorübergehenden Kurzparkflächen in den Innenblockbereichen auszuwerten.

Am 12. Dezember 1974 gaben die Fraktionsspitzen von CDU und FDP in einer weiteren Besprechung gegenüber der Deister- und Weserzeitung diese Koalitionsvereinbarung bekannt. Die Unionspolitiker Dr. Walter-Dieter Kock und Klaus Arnold sowie die Liberalen Werner Bruns und Herbert Fiebig betonten in ihren programmatischen Erklärungen, daß die abbruchreife Verwahrlosung ganzer Straßenzüge vermieden werden muß, wie sie im Bereich von Stubenstraße und Thietorstraße beobachtet werden konnte. Die beiden Ratsfraktionen von CDU und FDP wollen ihre Vorstellungen konsequent auch gegen einen möglichen Widerstand von Sozialdemokraten und Verwaltung durchsetzen.

Am 12. Februar 1975 stellten CDU und FDP im Verwaltungsausschuß den Antrag, Sanierungsmittel für die Modernisierung von erhaltenswerten Altstadthäusern zu vermitteln. Der Antrag wurde unterzeichnet und erläutert von dem Beigeordneten Klaus Arnold. Er wurde beschlossen mit 5 Ja-Stimmen bei 4 Stimmenthaltungen der SPD.

In der Ratssitzung am 11. März 1975 stellte der Beigeordnete Klaus Arnold folgenden Antrag:

„Die Fraktionen von CDU und FDP stellen gemeinsam unter Bezugnahme auf die gemeinsame Erklärung zur Stadtsanierung vom 11. Dezember 1974 den Antrag, für die Sanierung der Kleinen Straße den Architektenauftrag zu ergänzen. Priorität hat bei dem Ergänzungsauftrag die **Erhaltung der Kleinen Straße in altstadttypischer Fassade** unter Berücksichtigung einer Funktionsplanung. Der Rat bekräftigt hiermit seinen Willen, die Kleine Straße zu erhalten. Mit der Restaurierung, Modernisierung und Sanierung wird so schnell wie möglich begonnen. Die bisher verfolgte Planungsabsicht mit dem **Bau der Tiefgarage im Bereich 407** für ca. 250 Einstellplätze ist aus Gründen der Erhaltung der Kleinen Straße und aus Kostengründen fallen zu lassen, statt dessen ist ein **Parkhaus für ca. 100 bis 140 Einstellplätze** vorgesehen."

Der Antrag der CDU- und FDP-Fraktionen wurde mit 21 Ja-Stimmen bei 20 Nein-Stimmen beschlossen. Am 30. Juli 1975 beschloß der Verwaltungsausschuß die Aufstellung des Bebauungsplanentwurfs 407 für das Gebiet zwischen Osterstraße, Kleine Straße, Neue Marktstraße und Bäckerstraße und die Übernahme in den Flächennutzungsplan mit 5 Ja-Stimmen der CDU/FDP-Koalition gegen 1 Nein-Stimme und 3 Stimmenthaltungen. In der Niederschrift heißt es:
„Im Innenblockbereich sind Baugrundstücke für den Gemeinbedarf – Parkhaus – festgesetzt worden. Dieses Parkhaus beinhaltet ca. 122 Einstellplätze und ist aus Gründen des Emissionsschutzes allseitig geschlossen. Die Straßenrandbebauung Kleine Straße soll erhalten werden, Baulücken ergänzt und die Altbebauung modernisiert werden. Das Kerngebiet liegt in der Haupteinkaufszone der Altstadt. Die Straßenbebauung soll erhalten und die dort befindlichen Geschäfte funktionsfähig bleiben."
Am 13. August 1975 beschloß der Rat der Stadt Hameln die Aufstellung eines Bebauungsplanes Nr. 407 für das Gebiet zwischen Osterstraße, Kleine Straße, Neue Marktstraße und Bäckerstraße und die Übernahme in den neuen Flächennutzungsplan mit 21 Stimmen der CDU/FDP-Koalition bei 2 Stimmenthaltungen gegen 16 SPD-Stimmen. Damit war der Plan einer Tiefgarage in der Kleinen Straße endgültig „vom Tisch". Statt dessen sollte zum Kopmanshof hin ein kleines Parkhaus in zwei Ebenen errichtet werden.

Nach dem Wandel der kommunalpolitischen Mehrheits-Auffassungen hat der Rat der Stadt Hameln am 17. September 1975 die 2. Fortschreibung des Planungskonzeptes zur Altstadtsanierung beschlossen. Gegenüber der 1. Fortschreibung von 1973 ergibt sich:
Verringerung von Neubauvorhaben zugunsten von Modernisierungen, Reduzierung der Flächen für Handel, Dienstleistung und Gewerbe, weitere Verringerung von Innenblockbebauungen, Verbesserung des Verkehrsablaufs für den Straßenzug Baustraße/Thietorstraße, verringertes Parkangebot im Zentrum zugunsten einer Erhaltung der Straßenrandbebauung. Um das historische Orts- und Straßenbild weitgehend zu erhalten, wurde die Zahl der Gebäudeabbrüche noch weiter verringert. Entscheidend dabei war der Beschluß des Rates über die Erhaltung der westlichen Seite der Kleinen Straße und der Nordseite der Thietorstraße. Im Bereich der Stubenstraße wurden die gewerblichen Nutzflächen um 4000 Quadratmeter verringert. Durch diese planerische Maßnahme soll die vielfältige Struktur des Waren- und Dienstleistungsangebotes erhalten und verbessert werden. Da statt der früher geplanten Tiefgarage im Bereich der Kleinen Straße eine Parkpalette gebaut werden soll, verringert

sich die Zahl der Einstellplätze um rund 160. Trotz der Reduzierung in diesem Bereich sollen 1300 bis 1400 Einstellplätze geschaffen werden, die nach dem Generalverkehrsplan für die Altstadt gefordert werden. Andere Parkmöglichkeiten im unmittelbaren Bezug zur Altstadt sollen hier Entlastung schaffen. Der Verkehr soll aus den historischen Straßenzügen weitgehend herausgenommen werden. Gleichzeitig müssen die zentralen Einrichtungen, die Haupteinkaufszone und die Wohnbereiche, für Anlieferer, Besucher und Anlieger zugängig bleiben. Die Versorgung der Hamelner City soll durch Erschließungsstraßen erfolgen: Baustraße, Sudetenstraße, Posthof, Kopmanshof und Himmelreich. Von diesen Straßen kann man direkt in die Innenblockbereiche kommen. Die historischen Straßen sollen weitgehend den Fußgängern vorbehalten bleiben. Darüber hinaus werden zahlreiche Altstadtstraßen besonders gestaltet.
Nach Kosten- und Wirtschaftlichkeitsberechnungen und Vorlage der gutachterlichen Bewertungen durch die Architekten Fritz Schlüter und Franz Focke vom 13. August 1975 erfolgten im September/Oktober 1975 die Überarbeitung des städtebaulichen Entwurfes, erneute Erörterung mit den Betroffenen und Einleitung des Bebauungsplanverfahrens für die Kleine Straße. Zehn Häuser werden in der alten Substanz renoviert und drei Häuser durch Neubauten im alten Stil ersetzt unter weitgehender Verwendung der alten Fassaden. Modernisierungsvereinbarungen werden abgeschlossen und die Anträge der Stadt zur Aufnahme in das Sonderprogramm Stadtsanierung 1975 von Land und Bund bewilligt.
Am 17. Oktober 1975 bekommt die Stadt Hameln im Sonderprogramm zur Altstadtsanierung 1975 aus Bundes- und Landesmitteln 4,698 Mio. DM. Davon sind für die Kleine Straße 1,6 Mio. DM, für die Kurie Jerusalem 864 000 DM, für das Münster 640 000 DM und für den Beginenhof 424 000 DM bestimmt. Die Landeskirche gibt einen weiteren

Westseite der Kleinen Straße

Zuschuß von 160 000 DM dazu für den Ausbau des Münsters, der damit als abgeschlossen betrachtet wird.

Im November 1975 erhielten die Hamelner Architekten Pracht, Schlüter und Focke Einzelaufträge für die Objektsanierung von Häusern in der Kleinen Straße, Architekt Pracht außerdem für die dort vorgesehene Garage, die auch nach seinen Plänen gebaut wird.

Der Rat beschloß am 26. November 1975 den geänderten Bebauungsplan 406 für das Gebiet zwischen Emmernstraße, Baustraße, Museums-Passage und Osterstraße, den Bebauungsplan 420 für das Gebiet zwischen Wendenstraße, Papenstraße, Schlägerplatz und der Weser und weitere Bebauungspläne im Außenbereich der Stadt und in den Ortschaften.

Im Jahr 1976 wurde mit der Modernisierung von Wohnungen an der Westseite der Kleinen Straße, von Wohnungen an der Nordseite der Thietorstraße, der Modernisierung der Kurie Jerusalem (Fertigstellung als Jugendzentrum im April 1977), sowie des Beginenhofes (Fertigstellung mit Altenwohnungen 1977) und dem Bau von Ersatzwohnungen an der Sudetenstraße, begonnen. Der Bund bewilligte am 8. September 1976 über das Niedersächsische Sozialministerium neue Mittel für Sanierungsmaßnahmen in der Hamelner Altstadt: 1,2 Mio. DM für den Bau einer Parkgarage im rückwärtigen Bereich der Kleinen Straße.

Die Kleine Straße in der Hamelner Altstadt wurde ein lebendiges Beispiel dafür, was eine gediegene Objektsanierung leisten kann. Nur mit Grauen kann man daran denken, was die Räumbagger hier hätten zerstören können. Die Gebäude in der Kleinen Straße stammen überwiegend aus der zweiten Hälfte des 17. Jahrhunderts. Wesentliche Hausgruppen wurden nach einem Brand im Jahre 1684 erbaut. Mit staatlichen Mitteln gelang es im Jahre 1976, eine weitgehend einheitliche Gestaltung zu

erreichen. Die Straße bietet ein geschlossenes Erscheinungsbild. Ihre bauliche Struktur wird vor allem durch Fachwerkbauten bestimmt, die weitgehend flächige Wände mit eingeschnittenen Fensteröffnungen aufweisen. Da die Kleine Straße abseits der Hauptgeschäftsstraßen liegt, wurden in der hier überwiegenden Wohnnutzung keine großen baulichen Veränderungen vorgenommen. Die charakteristische Kleinmaßstäblichkeit blieb somit erhalten. Mit durchgreifenden Sanierungsmaßnahmen wurden die zuvor unzulänglichen Wohnverhältnisse von Grund auf verbessert. Damit wurde eine attraktive, dem heutigen Standard entsprechende Nutzung der Gebäude ermöglicht. Die Fahrstraße wurde zu einem Fußgängerbereich und in den lebendigen Organismus „Innenstadt" einbezogen. Neben den rein baulichen Modernisierungsmaßnahmen wurden Freiräume gestaltet und die Grundstückszuschnitte verbessert.

Mit der Erhaltung der Kleinen Straße hatte ein neues Kapitel in dem Hamelner Sanierungsprozeß begonnen. Die Prioritäten für Bauleitplanung und Sanierungsdurchführung wurden geändert. In den Vordergrund traten zunehmend die Modernisierung der historischen Bausubstanz und die Schaffung von Gemeinschaftseinrichtungen. Die organisatorischen Voraussetzungen für eine beschleunigte und koordinierte Abwicklung der Sanierungsaufgaben wurden wesentlich verbessert.

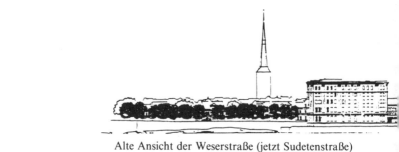

Alte Ansicht der Weserstraße (jetzt Sudetenstraße)

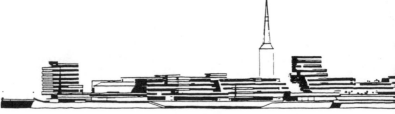

Die von der Neuen Heimat vorgesehene „Skyline" an der Weser

Beachtlichen Anteil an der Gestaltung der Kleinen Straße hatte die „Arbeitsgruppe Altstadtsanierung". Als einer besonderen ämterübergreifenden Organisationseinheit wurde ihr im Jahre 1975 die umfassende Zuständigkeit für das Gesamtaufgabengebiet „Altstadtsanierung" übertragen, einschließlich der Bauleitplanung und der Bauaufsicht, auch mit den Aufgaben der unteren Denkmalschutzbehörde. Leiter der Arbeitsgruppe wurde Verwaltungsamtsrat Peter Stange. Ihm standen zur Seite Stadtplaner Friedrich Bonorden und die Architekten Ludwig Bode und Wolfgang Kaiser. Rückschauend kann man sagen, daß die beginnende Flächensanierung mit der Abräumung des Stubenstraßen-Viertels durch die Räumbagger und der drohende Abbruch der meisten Wohnhäuser in der Kleinen Straße die Hamelner Bürger, die Hamelner Presse und die neue Mehrheit im Rat zum Umdenken gebracht haben. Am Anfang gab es Gespräche zwischen Ratsfrau Elsa Buchwitz, dem FDP-Fraktionsvorsitzenden Bruns und Mitgliedern der Dewezet-Redaktion. Besiegelt wurden die Anregungen von Elsa Buchwitz und Werner Bruns mit der Koalitionsvereinbarung zwischen CDU und FDP vom 11. Dezember 1974. Damit war die Grundlage geschaffen zu einer Veränderung des Bebauungsplanes in der Kleinen Straße und für die gesamte Sanierungs-Konzeption.

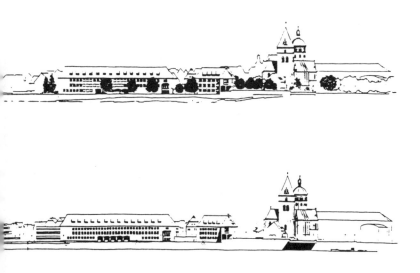

Entwurf einer Parkbrücke am Ostertorwall

Wie sich die Sanierungskonzeption geändert hat, ist aus den Bildern auf den Seiten 60 bis 64 zu erkennen. Untrennbar verbunden mit diesen Änderungen der Sanierungs-Konzeption ist der Wechsel in der personellen Leitung der Stadtverwaltung ab 1975 und in den folgenden Jahren:
Am 1. Oktober 1975 wurde Dr. jur. Eduard von Reden-Lütcken (CDU) von der CDU/FDP-Koalition mit 23 gegen 20 Stimmen zum Stadtkämmerer gewählt.
Am 27. Februar 1980 wurde Dr. jur. Eduard von Reden-Lütcken ohne Gegenkandidaten zum Oberstadtdirektor gewählt. Wie es rechtlich bei Mitgliedern der eigenen Verwaltung möglich ist, war beschlossen worden, die Stelle nicht auszuschreiben. Eine Wiederwahl des bisherigen Oberstadtdirektors Adolf Guder stand nicht zur Diskussion.
Am 8. Oktober 1980 wurde der Jurist Franz Küthmann (parteilos) von der CDU/FDP-Koalition zum Stadtkämmerer gewählt.
Am 9. Juli 1982 wurde Dipl.-Ing. Eckhard Koß (parteilos) zum Stadtbaurat gewählt. Er hat sein Amt am 1. November 1982 angetreten. Sein Vorgänger, Stadtdirektor Rudolf Meyer, ging in den Ruhestand.

Prof. Dr. Marianne Kesting im Jahre 1983 zur Entwicklung der Altstadtsanierung seit 1972

Fürwahr seltsam ist einem zumute, wenn man nach elf Jahren an einen ehemaligen Kampfplatz zurückkehrt: Hameln mit seiner Altstadtsanierung. Erinnerungen tauchen auf, wie ich eines Tages, nachdem ich mich verschiedentlich in Artikeln der Frankfurter Allgemeinen Zeitung gegen den Altstadtabriß, den man seit Anfang der 70er Jahre im großen betrieb und „Sanierung" nannte, zur Wehr gesetzt hatte, auf meinem Schreibtisch den Hilferuf einer Hamelner Bürgerin fand: man brauche auch in Hameln einen solchen Artikel.

Ich fuhr hin und traf eine Handvoll empörter Bürger, verflochten in einen ebenso hartnäckigen wie ohnmächtigen Kampf mit ihrer Stadtverwaltung, machtvollen Baukonzernen und einem internen Interessenklüngel, und um sie eine mehr oder weniger meinungslose und verunsicherte Öffentlichkeit: die der anderen Bürger.

Es war das damals weithin übliche Bild. Der wirtschaftliche Aufschwung, wenngleich er schon damals ins Wanken geraten war, schwemmte in die Köpfe der Stadtverwaltungen den dringenden Wunsch nach einer City, die natürlich dorthin mußte, wo die Altstadt war. City, das hieß und heißt immer noch Kaufhäuser, Banken, Versicherungen, Verkehr, Mammutrathäuser, Hotelkästen, falsch angelegte Brücken, also all das, was mit Sicherheit eine Altstadt, die aus anderer Baugesinnung entstanden ist, zerstört. Diese Zerstörung, die nie wiedergutzumachen ist, nannte und nennt man heute noch(!) Revitalisierung. Denn alles, was nicht dem Kommerz und dem Verkehr dient, war in der Bundesrepublik Deutschland erstens reaktionär und zweitens tot oder museal. Völlig unwichtig und unmodern war die Frage, ob Hamelns Bürger ihre Altstadt liebten, ob sie gern in ihr wohnten, ob diese Altstadt nicht vielleicht eine historische Kostbarkeit innerhalb der immer gesichtsloser sich ausrichtenden Städte sei, deren kommerzielle „Vitalisierung" z.B. bedeutet, daß die Bürger nach außerhalb ziehen und die hellbeleuchteten Schaufenster abends und nachts auf völlig leere, ausgestorbene Straßen blicken.

Elf Jahre sind vergangen, und eine Vernichtungswelle ohnegleichen hatte überall dort, wo die Bürger weniger kämpferisch und wachsam waren als in Hameln, unsere Altstädte niedergewalzt. Was mancherorts stehengeblieben ist als historisches Feigenblatt vor Kahlschlag und Beton: eine alte Kirche, ein denkmalgeschützter Prunkbau – inmitten der Kühlschränke, die uns die Bauwut der Nachkriegsjahre beschert hat, nimmt es sich nur noch traurig aus.

In der Zwischenzeit, da so viel zerstört wurde, haben sich in der Öffentlichkeit die Gesinnungen gewandelt. Seit dem Denkmalschutzjahr 1975 spricht man von Ensembleschutz, „gewachsener" Altstadt; die Flächensanierung, d. h. der Flächenabriß, ist der Objektsanierung gewichen, die von Stadt, Land, Bund und Steuern begünstigt werden; für die Erhaltung ihrer Altstadt, selbst wenn sie der Stadtverwaltung nicht erwünscht war und durch Bürgerproteste erzwungen wurde, bekommen die Stadtverwalter Orden. So geschehen in Lemgo. Die Liebe zur Historie treibt sogar wunderliche Blüten, z. B. die, daß man dort, wo man kaum noch ein älteres Haus hat stehen lassen, nun nagelneue historische Häuser erfindet. So geschehen in Frankfurt.

Nach dem Kahlschlag das Talmi. Falsches Fachwerk, Eternitschiefer, Walmdächer, urig aufgerauhter Mörtel sind nun „in", und wer auf sich hält, ziert sein Häuschen mit einer Art von Butzenscheiben aus, wie es sie in der Geschichte nie gegeben hat. Die „postmoderne" Architektur mit ihren unmotivierten Giebelchen und ihrer Liebe zum Sechseck schleicht sich gegen die Betonsilos vor, und in der barbarischen Bauabscheulichkeit, die sich in unseren Groß- und Kleinstädten ausgebreitet hat, ist man zuweilen noch froh darüber. Inmitten des Baugemetzels werden Schönheit und Geschmack zu relativen Begriffen.

Man geht sinnend durch Hamelns Straßen und fragt sich: ist das nun alles hier nicht passiert? Haben Hamelns wackere und unkorrumpierte Bürger die Bausintflut aufgehalten? Haben sie ihre geliebten Gassen, Häuser und Plätze schützen können? Hat sich der ein Jahrzehnt dauernde zähe Kampf gelohnt?

In Hameln hat sich viel getan; die Szene ist verändert. Eine neue Stadtverwaltung von grundsätzlich anderer Gesinnung als die damalige ist eingezogen; die ehemals oppositionellen Bürger sitzen seit langem im Stadtrat und bestimmen mit; ganze Viertel sind gerettet und vorzüglich restauriert, schöne neue Plätze und Fußgängerzonen wurden geschaffen, Höfe nicht nur „entkernt" und wieder vollgepfropft. Man sieht die gelungene Wiederherstellung der ursprünglich bemalten Fassaden, die Anpflanzung von Bäumen und Grünflächen.

Soweit möchte man aufatmen, tief Luft holen und in Begeisterung ausbrechen, dem sanften Lob, das sich die Stadtverwaltung selbst mit ihrer „Zwischenbilanz 1983" verlieh, zustimmen, wenngleich diese Broschüre über alle unliebsamen Hintergründe schweigt.
Man möchte gern. Was einen zögern läßt, ist die nicht zu dämpfende Einsicht, daß wir es in Hamelns Altstadtsanierung mit dem berühmten Kompromiß zu tun haben, der zwar zur Demokratie gehört, aber jede Konsequenz wirkungsvoll verhindert. Und eine Altstadtsanierung bedarf leider der Konsequenz. Sie hätte in Hameln darin bestanden, den Altstadtkomplex von ca. 30 ha mit einer Gesamtfläche der Grundstücke von ca. 24 ha dem Wohnen, den kleineren Geschäften und Betrieben vorzubehalten. Das eben ist hier nur teilweise geschehen.
Was die Stadtbildpflege betrifft, so spricht die „Zwischenbilanz" auffällig oft von Bemühung. Das heißt, daß die Bemühung nicht immer zum Erfolg führte. Der demokratische Kompromiß bewirkt, daß man zugleich haben will, was einander ausschließt.
Man will z. B. generell in der Bundesrepublik die energische Belebung der Industrie, aber man will auch die Landschaft und den Wald schützen, der realiter durch sie ruiniert wird; man will eben den Umweltschutz und den Wirtschaftsaufschwung. So auch in Hameln. Man will den Kommerz und die Erhaltung des unverwechselbaren Stadtbildes. Kommerz, das heißt aber: mitten in den kleinteilig gebauten Gassen die durch die Schaufenster der Geschäfte aufgerissenen Fassaden mit zum Teil abscheulichen Firmenschildern. Kommerz heißt: die unmaßstäblichen Kästen von Hertie, C&A, des Europa Möbel-Einrichtungshauses nebst Anlieferungsfassade, ein sogenanntes Bellevue-Center außerhalb der Altstadt, das vielleicht den Bewohnern einen schönen Ausblick, aber dem Betrachter einen wüsten Anblick bietet. Die Weserbrücke ist, wie ursprünglich geplant, auf das Kaufhaus zugeführt und „belebt" die Wallstraßen um die Altstadt.
Stille und Blumenkübel hingegen beherrschen die Osterstraße, deren Prachtfassaden der Weserrenaissance man mit z. T. höchst merkwürdigen Materialien aufgeholfen hat, sogenanntem Steinersatzmaterial.
Hamelns Architekten sind „postmodern" tätig; in der Altstadt flößt einem diese rührige Tätigkeit, die zwischen die Fachwerkfassaden die stählern kahlen, immer düsteren Giebelchen und dunklen Fensterhöhlen quetscht, ein gewisses Grauen ein. Kaum eine Straße ist verschont. Nicht immer die Stadt hat hier gewirkt, auch private Bürger schlugen die Breschen, und dieser Bauprozeß scheint noch lange nicht abgeschlossen. An den Altstadträndern ist er besonders schlimm. Hat die Stadt die Macht und die Möglichkeit, das zu verhindern? Sind wir nicht alle ratlos, wenn eine

Baulücke sich inmitten historischer Fassaden auftut, die in früheren Zeiten kein Problem bot, aber seit es so etwas wie moderne Architektur gibt, nicht mehr anständig zu schließen zu sein scheint? Von hundert Architekten ist kaum einer fähig, ein Bauwerk ohne eklatanten Stilbruch in historische Bebauung einzuführen.
Die sogenannte Postmoderne hat sich auch der historischen Gebäude angenommen: Vor die an sich vorzüglich restaurierte „Kurie Jerusalem" mußte ein formal unsinniger Vorbau mit vier Giebelchen gekleckert werden, der die noble Architektur dieses ehrwürdigen Bauwerks beträchtlich stört. An Hamelns Prunkbauten, zu deren Zierat auch die weißen Fensterrahmen gehörten, sind nun „postmodern" grüne und braune Fensterrahmen angebracht, eine Errungenschaft des Pseudojugendstils. Gewiß, man kann sie eines Tages anders wieder anstreichen, aber die z. T. ausgehobene Kleinteiligkeit dieser Fenster, die im übrigen zum Schmuck dieser Häuser gehört, läßt sich wohl nicht wiederherstellen.
Die Weserbrücke war natürlich unumgänglich, weil durch sie Hertie nebst Altstadt verkehrsmäßig „erschlossen" werden mußte. Aber hätte man nicht wenigstens auf den Klotz von Rathaus verzichten können, der nun Hameln von außen her drohend überragt und in seiner exemplarischen Unverhältnismäßigkeit das Stadtbild, das man zu schützen vorgibt, zerstört? Wäre nicht terrassenmäßige Bebauung möglich gewesen? Um dieser landschafts- und städtebaulichen Sünden gewahr zu werden, muß man die Stadt einmal von den umgebenden Bergen aus betrachten, vom Klüt oder dem Ohrberg aus. (Anmerkung des Autors: Das Rathaus war früher Verwaltungsgebäude des BHW. Durch seine Erwerbung konnte die Stadt Hameln auf einen eigenen kostspieligen Neubau verzichten. Die Stadtverwaltung ist an dieser „Bausünde" insofern schuld, als sie im Bebauungsplan für eines der beiden Gebäude zehn Geschosse zugelassen hat.)
Soweit ich sehe, hat in ganz Europa Wirtschafts- und Bevölkerungswachstum im Einklang mit der sogenannten modernen Architektur, deren gute Beispiele zu den Seltenheiten zählen, die Umgebungen der alten Städte wirkungsvoll ruiniert. Aber in Italien, Österreich, der Schweiz und Holland hat man es, im Gegensatz zur Bundesrepublik, verstanden, mit einiger Rigorosität die Altstädte zu erhalten als schutzwürdige Oasen keineswegs musealer Art. Nirgendwo entfaltet sich so viel echtes Leben: Wohnen, Wohlfühlen, Arbeiten, Einkaufen, Schlendern wie eben in den Altstädten – ganz abgesehen vom „belebenden" Tourismus. Die Reisenden suchen die Erfahrung des anderen, sie reisen ungern vom einheimischen Beton in den fremden Beton, von der Umweltverschandelung der eigenen Stadt in die der fremden.

Um gerecht zu sein – ich sehe in Hameln, wieviel Altstadtsubstanz man aufs liebevollste erhielt und restaurierte, mit welch unendlich rührender Mühe hier ein „Engel der Altstadt" mit Unterstützung vieler anderer Engel und seit einiger Zeit auch eines verständnisvollen Oberstadtdirektors und einer Bauverwaltung hier die Hand über manches Haus, manche Gasse gehalten hat. Ich sehe es und möchte anderen Altstädten unserer Wirtschafts-Bundesrepublik, wo es zu viel zerstörerischen Kommerz und zu wenige Engel gibt, solch schützende Hand wünschen. Der triumphale Einzug der Moderne und „Postmoderne" nicht nur an den Rändern der Altstadt müßte mit Gesetzesgewalt verhindert werden.

Hotelruine, Bellevue-Center, Kaufhaus

Der CDU-Fraktionsvorsitzende Senator Dr. Walter-Dieter Kock verwies am 24. März 1971 auf die Leichtfertigkeit der Verwaltung bei den Verhandlungen über die „Hotelruine" am Bürgergarten. Entgegen allen juristischen und geschäftlichen Gepflogenheiten habe sie am 24. Juli 1968 das Eigentum an diesem Grundstück an den Bauherrn Metzlaff übertragen lassen. Bis März 1971 habe die Stadt den Kaufpreis noch nicht erhalten, während der Eigentümer Metzlaff Grundstück und Rohbau hypothekarisch so belastet habe, daß die kreditgebende Bank eine Zwangsversteigerung nicht wagen konnte. Die Stadt stand mit ihrer Grundstückspreisforderung an letzter Stelle hinter den Hypothekengebern. – Was war vorgegangen?

Der Unternehmer Werner Metzlaff hatte in Bad Pyrmont das Bomberg-Hotel erbaut. Verschiedene Kreise der Hamelner Wirtschaft und auch die Stadtverwaltung waren an ihn herangetreten mit dem Wunsch, ein ähnliches Hotel auch in Hameln zu erstellen. Ausschlaggebend für Werner Metzlaff auch in Hameln zu bauen war, daß ihm die Stadtverwaltung den zentralen Bauplatz neben der Weserbergland-Festhalle für die Errichtung eines Hotels angeboten hat. Metzlaff „erwarb" diesen Bauplatz am 24. Juli 1968 für 200 000 DM. Er hat den Bauplatz niemals bezahlt.

Architekt Dipl.-Ing. Hel Haparta aus Düsseldorf erstellte den Entwurf für ein 102-Zimmer-Hotel. Die Architektonik des zehngeschossigen Baus sollte völlig vom Konventionellen abweichen und einzigartig in dieser Art nicht nur in der Bundesrepublik, sondern vermutlich auch im europäischen Ausland sein. Haparta versicherte, daß trotz des Volumens und der besonderen architektonischen Gestaltung eine klare und einfache Bauausführung möglich sei, so daß die Baukosten mit 5 Mio. DM im Rahmen des Konventionellen blieben. Das Hotel würde die respektable Höhe von 31 m erreichen. Baubeginn war für März 1969 vorgesehen. In die Baupläne war auch das Kleine Haus der Weserbergland-Festhalle mit einbezogen. Es sollte funktionell selbständig bleiben, aber für Konferenzen und Tagungen eingerichtet werden.

Aber erst im April 1969 kam es zum ersten Spatenstich für das neue Hotel. Bauherr Werner Metzlaff: „Es haben sich bei der doch recht komplizierten Bauweise noch statische Probleme ergeben." Trotzdem hoffte Metzlaff, daß Hamelns neue Attraktion für den Fremdenverkehr Mitte 1970 bezugsfertig sein würde. Eines aber stand schon fest: Der Bau würde erheblich mehr kosten, als geplant. Statt der anfangs mit 5 Millionen genannten Baukosten rechnete Metzlaff im März 1969 mit 7 bis 8 Millionen. Dennoch war er optimistisch. Dies war eine Selbsttäuschung. Schon 1969 wurde offenbar, daß Metzlaff in wirtschaftlichen Schwierigkeiten war, auch wegen seines Pyrmonter Bomberg-Hotels. Von 1969 bis 1972 stand eine „Hotelruine" am Hamelner Bürgergarten.
Die „Hotelruine" wurde am 21. Dezember 1971 von Metzlaff an den Saarbrücker Unternehmer Josef Schmidt verkauft. Oberstadtdirektor Dr. Guder und die SPD-Mehrheit im Rat der Stadt hatten Interesse daran, diesen Schandfleck ihrer Baupolitik verschwinden zu lassen. Für die Zusicherung für den Weiterbau des Hotels bekam Josef Schmidt das unmittelbar neben dem Hotel liegende 5629 qm große Grundstück – die frühere „Eiswiese" und die dahinter liegenden Tennisplätze – auf dem er ein elfgeschossiges Wohn- und Geschäftshaus errichten wollte, und auf ein weiteres sehr wertvolles Grundstück mit 8330 qm an der Weser im ehemaligen Stubenstraßenbereich und die Zusicherung, daß dort ein

Dorint-Hotel

Warenhaus und ein Park-Hochhaus errichtet werden könnten. Am 20. Oktober 1972 beschloß der Rat den Bebauungsplan 406 für das Bellevue-Center mit 11 Geschossen. Das Weserbergland-Hotel war Ende 1972 fertiggestellt und wurde im Dezember des gleichen Jahres eingeweiht. Am 10. Oktober 1973 bezahlte Schmidt für das 4192 qm große Hotelgrundstück 200 000 DM an die Stadt. Am 21. Oktober 1973 kaufte Josef Schmidt den Bellevue-Bauplatz. Der Bau des elfgeschossigen Bellevue-Centers, ein klotziger und phantasieloser L-förmiger Bau, war im Januar 1973 bereits begonnen worden. Dabei kam Schmidt schnell in finanzielle Schwierigkeiten. Der Bau wurde gegen Jahresende stillgelegt. Am 2. März 1974 verkaufte Josef Schmidt den Rohbau des Bellevue-Centers an die Heidelberger Kraftanlagen AG, eine Kapitalanlage-Gesellschaft in einem fast unübersichtlichen Besitzersystem. Immerhin war es Josef Schmidt gelungen, durch den Verkauf des Bellevue-Centers die Stadt vor einer weiteren „Bauruine" zu bewahren.

Das Bellevue-Center ist mit seinen elf Stockwerken in Primitivbauweise **der** architektonische Schandfleck am Rande der Hamelner Altstadt. Der Wohnwert ist dürftig und die Lage der Arztpraxen und Geschäfte umstritten. Ladenlokale haben lange Zeit leergestanden und mehrfach ihren Mieter gewechselt.

Bellevue-Center

Josef Schmidt konnte das fertiggestellte Weserbergland-Hotel auch nicht halten. Am 30. April 1980 wurde das Hotel (Verkehrswert: 11 022 000 DM) im Hamelner Amtsgericht zwangsversteigert. Die Mieterin des Hotels, die Dorint-Gruppe, trat allein bei der Versteigerung als Bieter auf und erhielt beim ersten Gebot mit 4 250 000 DM den Zuschlag.

Josef Schmidt versuchte, seine „Option" auf das wertvolle Gelände in der Stubenstraße nutzbringend zu verwenden. Die Stadt hatte sich Josef Schmidt gegenüber verpflichtet, im Falle eines Kaufhausbaus – voll sortiertes Kaufhaus und ein Parkhaus mit 315 Einstellplätzen – einen Kaufvertrag für Gelände und Erschließung abzuschließen. Am 15. Dezember 1976 beschäftigte sich der Rat mit den Meinungsverschiedenheiten in und zwischen den Fraktionen, zwischen Rat und Verwaltungsspitze und mit Josef Schmidt. Am 9. Februar 1977 stimmte der Rat nach langwierigen Verhandlungen dem Bebauungsplanentwurf der Verwaltung für das Kaufhaus zu. Die Verkaufsfläche war mit 6300 qm in drei Etagen erheblich reduziert und statt der Hochgarage wurde eine Tiefgarage genehmigt. Josef Schmidt kaufte das Grundstück am 31. März 1977. Auf diesem Grundstück wurde von ihm ein Kaufhaus mit Tiefgarage erbaut, das von der Hertie AG angemietet wurde. Sie schloß mit der Stadt einen Betreibervertrag bis zum 31. August 1988 ab.

Kaufhaus an der Stubenstraße

Zwischen der Hertie-Waren- und Kaufhaus GmbH in Frankfurt und der Stadt Hameln besteht eine Vereinbarung vom 29. März 1977, in der es u. a. heißt:
„Hertie GmbH nimmt das Kaufhaus und die Tiefgarage unverzüglich nach ihrer Fertigstellung in Betrieb. Sie gewährleistet, daß das Kaufhaus zehn Jahre ab Inbetriebnahme am 31. August 1978 nur als Vollkaufhaus und nur von ihr oder ggf. einer gleichwertigen Kaufhausgesellschaft betrieben wird. Sollte nach Ablauf dieser zehn Jahre auf Grund der Entwicklungen im Kaufhausbereich mit einer Verkaufsfläche von 6300 qm ein Vollkaufhaus nicht mehr betrieben werden können, so kann die Kaufhausfläche im Einvernehmen mit der Stadt erweitert werden, aber nur insoweit, als dies erforderlich ist, um ein vollsortiertes Kaufhaus betreiben zu können. Wird das Einvernehmen von der Stadt verweigert, so entfällt für Hertie die Verpflichtung zum Betrieb eines Kaufhauses in der Form eines vollsortierten Kaufhauses." Das Hertie-Kaufhaus wurde im Dezember 1988 geschlossen. Ab 1989 wird in seinen Räumen ein Selbstbedienungs-Warenhaus betrieben.

Die Finanzierung von Sanierungsmaßnahmen und weiteren Bauvorhaben

Finanzierungs- und Förderungsgrundsätze bei Sanierungsmaßnahmen

Das im Jahre 1971 in Kraft getretene Städtebauförderungsgesetz – inzwischen mit Überleitungsvorschriften in das ab 1. Juli 1987 geltende Baugesetzbuch eingefügt – enthielt die auch heute noch geltenden Grundregeln zur Finanzierung städtebaulicher Sanierungsmaßnahmen.

Danach war und ist es grundsätzlich Sache der Gemeinde, über die Kosten für **vorbereitende Untersuchungen und Planungen** zur förmlichen Festlegung eines Sanierungsgebietes hinaus die für eine Sanierungsdurchführung entstehenden Kosten der **Ordnungsmaßnahmen** zu tragen. Hinter diesem Begriff verbergen sich im wesentlichen die bodenordnenden Maßnahmen einschließlich Grunderwerb und Freilegung von Grundstücken, der Umzug von Bewohnern und Betrieben und die Herstellung und Änderung von Erschließungsanlagen.

Die Durchführung der **Baumaßnahmen** – mit gewissen Einschränkungen für gemeindeeigene Objekte und Gemeinbedarfs- und Folgeeinrichtungen – obliegt dagegen grundsätzlich den Eigentümern. Da bei der Modernisierung und Instandsetzung alter Bausubstanz nicht selten ein Kostenaufwand entsteht, der dem Eigentümer trotz zumutbarem Einsatz von Eigen- oder Fremdmitteln unter Berücksichtigung verbesserter Ertragsmöglichkeiten nicht auferlegt werden kann, ist dieser sogenannte unrentierliche Kostenanteil ebenfalls von der Gemeinde zu tragen. Dies gilt allerdings nur insoweit, als die Modernisierung und Instandsetzung von der Gemeinde ausdrücklich verlangt oder ersatzweise – wie stets im Rahmen der Altstadtsanierung Hameln praktiziert – vertraglich vereinbart wird.

Da von den Gemeinden die aufgezeigten Kosten nicht allein getragen werden können, beteiligt sich das Land grundsätzlich an dem gemeindlichen Sanierungsaufwand zu zwei Dritteln (einschließlich der dem Land zugewiesenen Förderungsmittel des Bundes). Üblicherweise wird – wenn

auch nicht korrekt – von der sogenannten Drittelfinanzierung Bund, Land und Gemeinde gesprochen.
Die genannten, gemeinsam von Bund, Land und Stadt aufgebrachten Mittel zur Finanzierung und Förderung der Altstadtsanierung – als Städtebauförderungsmittel bezeichnet – machen allerdings nur einen, wenn auch wesentlichen Teil der für die gesamten öffentlichen Investitionen im Rahmen der Sanierung benötigten Finanzmittel aus. Soweit zur Maßnahmenfinanzierung grundsätzlich Städtebauförderungsmittel eingesetzt werden könnten, ist zu beachten, daß diese Förderungsmittel nachrangig gegenüber zweckgebundenen Einnahmen (z. B. Ausgleichsbeträge der Grundstückseigentümer für sanierungsbedingte Wertsteigerungen und Grundstücksveräußerungserlöse) sowie gegenüber anderen verfügbaren Förderungsquellen einzusetzen sind. Darüber hinaus gibt es weitergehenden öffentlichen Investitionsbedarf auch für nicht förderbaren Sanierungsaufwand.
In den folgenden Übersichten wird deutlich, daß Städtebauförderungsmittel zwar Stützpfeiler der Finanzierung des Sanierungsaufwandes sind, die Sanierungsmaßnahmen insgesamt aber zu einem beachtlichen Anteil aus anderen Mitteln finanziert wurden. Für die Altstadtsanierung in Hameln ergeben sich weitere Besonderheiten in der Finanzierung und Förderung des Sanierungsaufwandes daraus, daß der Ansatz für eine planvolle Sanierung der Altstadt bereits seit 1966 durch ein Studien- und Modellvorhaben des Bundes begleitet wurde, das auch nach Inkrafttreten des Städtebauförderungsgesetzes für einen Teilbereich der Altstadt fortgesetzt worden ist.

Finanzierungsdaten der Hamelner Altstadtsanierung im Überblick

Schon vor Inkrafttreten des Städtebauförderungsgesetzes vom 27. Juli 1971 wurden für den Zeitraum von 1966 bis 1971 die Sanierungsbemühungen durch ein Studien- und Modellvorhaben des Bundes begleitet. An den für diesen Zeitraum anfallenden eingeschränkt förderbaren Kosten (seinerzeit waren z. B. weder Modernisierungs- noch Erschließungsmaßnahmen förderungsfähig) von knapp 11 Mio. DM beteiligten sich der Bund mit grundsätzlich 50%, das Land Niedersachsen und die Stadt Hameln mit je 25%. Die Förderungsmittel wurden überwiegend als Darlehen zur Verfügung gestellt.
Nach Inkrafttreten des Städtebauförderungsgesetzes und der danach gebotenen förmlichen Festlegung des Sanierungsgebietes durch Satzung

im Jahre 1972 wurde für einen Teilbereich der Altstadt mit einer Fläche von 5,1 ha (Sanierungsgebiet 1) das Studien- und Modellvorhaben fortgeführt. An dem bis zum 31. Dezember 1987 entstandenen Sanierungsaufwand (nach vorausgehendem Einsatz von zweckgebundenen Einnahmen in Höhe von rund 1,8 Mio. DM) beteiligte sich der Bund grundsätzlich mit 50 % und das Land Niedersachsen sowie die Stadt Hameln mit je 25 %. Die Besonderheit der Förderung in diesem bis auf Restmaßnahmen abgeschlossenen Bereich bestand darin, daß objektbezogen gefördert wurde und für die Einzelmaßnahme von vornherein die Förderungsmittel als Zuschuß zur Deckung der sogenannten unrentierlichen Kosten (im wesentlichen Kosten der vorbereitenden Untersuchungen, der Ordnungsmaßnahmen und der Kostenerstattungsbeträge im Rahmen von Modernisierungen) oder als Darlehen (im wesentlichen für Grunderwerb) gewährt wurden.

Für das im Jahr 1972 durch Satzung förmlich festgelegte Sanierungsgebiet 2 (rund 25 ha) wurde der Sanierungsaufwand im Rahmen der allgemeinen Sanierungsförderung nach dem Städtebauförderungsgesetz innerhalb jährlicher Landesprogramme gefördert. Die bis zum 31. Dezember 1987 entstandenen und mit Städtebauförderungsmitteln finanzierten Kosten (nach vorausgehendem Einsatz zweckgebundener Einnahmen in Höhe von rund 6,4 Mio. DM) sind zu zwei Dritteln vom Land Niedersachsen (einschließlich des Förderungsanteiles des Bundes) und zu einem Drittel von der Stadt Hameln aufgebracht worden. Diese Förderungsmittel wurden jeweils für die Gesamtmaßnahme als zins- und tilgungsfreie Vorauszahlung zur Verfügung gestellt. Die endgültige Bestimmung als Zuschuß (zur Deckung des sogenannten unrentierlichen Kostenanteils) oder als Darlehen wird erst zum Abschluß des förmlichen Sanierungsverfahrens vorgenommen.

Durch sanierungsbezogene Sonderprogramme eröffneten sich in den Jahren 1974 bis 1978 weitere Finanzierungsquellen. Im Rahmen dieser Sonderprogramme wurden im wesentlichen Modernisierungs- und Erschließungsmaßnahmen mit einem Einsatz öffentlicher Mittel von rund 30 Mio. DM finanziert. Die Förderungsquoten durch den Bund und das Land Niedersachsen betrugen bis zu jeweils 40 %.

Aus den Sonderprogrammen wurden bauliche Investitionen in beiden Sanierungsgebieten sowie Stellplätze am Altstadtrand (Tiefgarage Rathausplatz) finanziert.

Der nur aus speziellen Sanierungsförderungsmitteln einschließlich Sonderprogrammen bestrittene Sanierungsaufwand von Beginn der Sanierung bis zum 31. Dezember 1987 beläuft sich auf 146,5 Mio. DM. Dieser

Betrag gibt nur die öffentlichen Investitionen wieder, also die von der Stadt eingesetzten Mittel zur Finanzierung eigener Maßnahmen und zur Förderung von privaten Sanierungsmaßnahmen. Die vom Bund und Land bereitgestellten Finanzhilfen einschließlich der Finanzierungsmittel aus zweckgebundenen Einnahmen sind darin enthalten.

Seit dem erstmaligen Förderungsmitteleinsatz zur Finanzierung auch von Baumaßnahmen ergibt sich nach den jeweiligen Jahresrechnungen im Schnitt der Jahre 1974 bis 1983 ein mittleres jährliches Ausgabevolumen von rund 9,2 Mio. DM. Die Ausgabenhöhe schwankte zum Teil erheblich – bedingt durch Sonderprogramme, verfügbare Förderungsmittel und

---

Einsatz öffentlicher Mittel für die Altstadtsanierung bis 31. Dezember 1987*

1.	**Spezielle Finanzierungsmittel zur Sanierung** (Bund, Land, Stadt)	in Mio. DM
1.1	Studien und Modellvorhaben (1966–1971)	rd. 11,0
1.2	Sanierungsgebiet 1 – ab 1972 – (fortgeführte Studien und Modellvorhaben)	rd. 32,0 (einschl. 1,8 Mio. DM Einnahmen)
1.3	Sanierungsgebiet 2 – ab 1972 – (allg. Städtebauförderung durch Landesprogramme)	rd. 73,5 (einschl. 6,4 Mio. DM Einnahmen)
1.4	Sonderprogramme 1974–1978	rd. 30,0
	Zwischensumme	rd. 146,5
2.	**Sonstige Finanzierungsmittel**	
2.1	Zentrale Bushaltestelle mit Anschlußstraßen/ Fußgängertunnel „Grüner Reiter"	rd. 10,0 (Bund, Stadt)
2.2	Städt. Neubaumaßnahmen	in Tsd. DM
	– Turnhalle Papenstraße	2370
	– Gymnastikhalle Papenstraße	1438
	– Erweiterung Feuerwache	865
	– Kindergarten Große Hofstraße	927
	– Tiefgarage Stockhof (Anteil Parkbedarf Altstadt ca. 300 Plätze)	12 000
		17 600

(Stadt mit Förderungsmitteln Bund/Landkreis v. 1,860 Mio. DM)

tatsächliche Realisierungsmöglichkeiten – zwischen jährlich 15 Mio. DM und 4,7 Mio. DM. Eine bestimmte Tendenz, etwa ein zeitlich zuzuordnendes Absinken der Ausgaben als Folge eines verringerten Förderungsmitteleinsatzes, ist für diesen Zeitraum nicht ableitbar. Schwankende Förderungsmittelzuweisungen in den einzelnen Jahresprogrammen für das Sanierungsgebiet 2 – dies gilt zum Teil auch noch für den Zeitraum nach 1983 – beruhen im allgemeinen darauf, daß aus vorangegangenen Jahresprogrammen nicht verbrauchte Restmittel zur Verfügung standen und mit Rücksicht darauf die Programmittelzuweisungen in den einzelnen Jahren niedriger ausgefallen sind. In den letzten Jahren ist allerdings

2.3 Förderung des Baues von 250 Ersatzwohnungen (94 in der Altstadt, 156 außerhalb der Altstadt) rd. 11,0
(Darlehensmittel/Aufwendungen/Zuschüsse von Bund, Land, Stadt)

3. Förderung von Maßnahmen des Denkmalschutzes und der Stadtbildpflege rd. 10,0 (Land, Stadt)
– z. B. Fassadensanierungen Hochzeitshaus, Rattenfängerhaus, Rattenkrug u.v.a. mehr –

Insgesamt rd. 195 Mio. DM

---

* Erfaßt ist der gesamte öffentliche Mitteleinsatz für Sanierungsmaßnahmen, die von der Stadt Hameln unter Einsatz von Förderungsmitteln des Bundes und des Landes durchgeführt oder gefördert wurden. Mitteleinsatz und entstandene Kosten sind nur insoweit identisch, als Maßnahmen von der Stadt selbst ausgeführt sind. Nicht erfaßt sind die Investitionen anderer öffentlicher Maßnahmeträger (z. B. Post).
Die Kosten für den Bau der zweiten Weserbrücke mit Anschlußstraßen, der die Voraussetzung für das Erschließungskonzept im Rahmen der Altstadtsanierung bildete, sind hierin nicht enthalten. Hierfür wurden rund 21 Mio. DM (ohne Grunderwerb) aufgewandt. Sie wurden durch den Bund finanziert bei einem Anteil der Stadt Hameln von 0,8 Mio. DM.

generell die Förderungsmittelzuweisung für das Sanierungsgebiet 2 hinter den möglichen Ausgaben zurückgeblieben. Für die Jahre 1984 bis einschließlich 1987 betrugen die mit Förderungsmitteln finanzierbaren Gesamtausgaben ca. 28 Mio. DM. Dies entspricht einem Jahresdurchschnitt von sieben Mio. DM, anteilig finanziert durch Städtebauförderungsmittel und durch die in den letzten Jahren verstärkt erzielten Einnahmen aus Grundstücksveräußerungserlösen und Ausgleichsbeträgen.

Die Wiedergabe des nur an der speziellen Sanierungsförderung orientierten öffentlichen Mitteleinsatzes gibt allerdings den gesamten öffentlichen Investitionsaufwand im Rahmen der Altstadtsanierung nur unvollständig wieder. Hinzuzurechnen sind vielmehr eine Vielzahl von Einzelmaßnahmen, die **von der Stadt** mit sonstigen Finanzierungshilfen von Bund, Land oder Landkreis, zum Teil auch in der ausschließlichen Finanzierung der Stadt durchgeführt wurden.

Schließlich sind auch die sonstigen Förderungsmittel hinzuzurechnen, die von Bund, Land und Stadt **privaten Dritten** für sanierungsbedingte oder sanierungsbegleitende bauliche Maßnahmen zur Verfügung gestellt wurden, z. B. Wohnungsbauförderungsmittel für den Ersatzwohnungsbau oder Förderungsmittel der Denkmal- und Stadtbildpflege.

Diese weiteren öffentlichen Mittel summierten sich bis zum 31. Dezember 1987 auf ca. 48,6 Mio. DM. Damit erreicht **das gesamte öffentliche Investitionsvolumen** bis zum 31. Dezember 1987 (ohne die Investitionen anderer öffentlicher Bedarfsträger) eine Größenordnung von insgesamt 195 Mio. DM. Die Aufgliederung dieser Summen ist der vorhergehenden Übersicht zu entnehmen.

Bauliche Investitionen und Einsatz öffentlicher Mittel

Nach einer Zwischenbilanz zum 31. Dezember 1987 sind durch zielgerichteten Einsatz öffentlicher Mittel zur Förderung baulicher Maßnahmen Investitionen mit einem Kostenvolumen im Hoch- und Tiefbau von rund 186 Mio. DM (nicht identisch mit den o. g. 195 Mio. DM) durchgeführt worden. Das weitere private Baukostenvolumen im Hochbau, das im wesentlichen durch die öffentlichen Gesamtinvestitionen ermöglicht oder ausgelöst wurde, ist auf etwa 390 Mio. DM einzuschätzen. Die baulichen Gesamtinvestitionen in der Altstadt einschließlich der sanierungsbedingten Parkbauten am Altstadtrand und der teilweise außerhalb der Altstadt errichteten Ersatzwohnungen erreichen danach ein Volumen von etwa 576 Mio. DM.

Modernisierung und Instandsetzung von Gebäuden

Bauliche Sanierungsmaßnahmen in größerem Umfang konnten erstmals aus Förderungsmitteln eines Sonderprogramms 1974 durchgeführt werden. In den folgenden Jahren wurde durch die einsetzende Städtebauförderung für die Modernisierung und Instandsetzung und durch weitere Sonderprogramme die bauliche Sanierung Schwerpunktaufgabe im Rahmen der gesamten Sanierungsbemühungen.

Mit dem Zwischenstand 31. Dezember 1987 sind insgesamt 41 Mio. DM öffentlicher Mittel für die Modernisierung und Instandsetzung von Gebäuden (bei einem baulichen Gesamtkostenvolumen von ca. 60 Mio. DM) eingesetzt worden. Mit diesen Förderungsmitteln sind insgesamt 99 privateigene oder städtische Gebäude mit 221 Wohnungen und 44 Gewerbeobjekten sowie fünf Gemeinbedarfseinrichtungen durchgreifend modernisiert und erneuert worden. Hinzu treten eine Vielzahl von Modernisierungs- und Wiederherstellungsmaßnahmen der Privateigentümer ohne unmittelbare öffentliche Finanzierungshilfen.

Nachstehend einige Beispiele für stadteigene Objektsanierungen, die besonders bei Fachwerkbauten einen Kostenaufwand bis zur Höhe vergleichbarer Neubaukosten verursachten:

Osterstraße mit Stiftsherrenhaus und Leisthaus

1974/75: Modernisierung des 1558 erbauten Stiftsherrenhauses in der Osterstraße. Die Kosten von ca. 2,1 Mio. DM wurden im Rahmen eines Konjunktursonderprogrammes vom Bund mit 700 000 DM und vom Land Niedersachsen mit ebenfalls 700 000 DM gefördert.

1976/77: Das im Jahre 1585 erbaute Leisthaus in der Osterstraße (neben dem Stiftsherrenhaus) wurde mit einem Kostenaufwand von rd. 830 000 DM renoviert. Hierzu gab das Land – außerhalb der Städtebauförderung – einen Zuschuß von 550 000 DM. Das Stiftsherrenhaus beherbergt seit 1911 das Hamelner Museum. Die dringend benötigten Erweiterungsflächen für das Museum wurden in den beiden Obergeschossen des Stiftsherrenhauses durch Brückenverbindung zum Leisthaus gewonnen.

1976/78: Wiederherstellung der Kurie Jerusalem (Fachwerkgebäude um 1500) für 1,8 Mio. DM. Bund und Land Niedersachsen beteiligten sich mit Zuschüssen von je 645 000 DM. In der Kurie wurde ein Kinderspielhaus, die Jugendmusikschule und die Kindermalschule untergebracht.

1978/81: Das Eckgebäude Kupferschmiedestraße 13 (aus dem Jahre 1565) wurde mit Kosten von insgesamt 2,35 Mio. DM umfassend erneuert. Bund und Land Niedersachsen gewährten einen Zuschuß von je

Kurie Jerusalem

640 000 DM. Das markante Eckgebäude ist eine Bereicherung des Stadtbildes. Leider wurden 1987/88 erhebliche Baumängel im Fassadenbereich festgestellt, deren Behebung ca. 800 000 DM kosten wird.

1980/82: Das Haus Wendenstraße 8 wurde für insgesamt 1,6 Mio. DM renoviert. Bund und Land Niedersachsen haben je 480 000 DM getragen. In dem attraktiven Fachwerkhaus befinden sich ein Antiquitätengeschäft und Wohnungen.

1981/82: Sanierung des Rattenfängerhauses, ein international bekanntes Bauwerk der Weserrenaissance aus dem Jahre 1602, mit Gesamtkosten von rd. 3,1 Mio. DM. Der Bund hat sich daran mit 1,28 Mio. DM und das Land Niedersachsen mit 640 000 DM beteiligt. In dem Haus befindet sich traditionell eine Gaststätte.

1982/83: Das Haus Kupferschmiedestraße 10 wurde mit Gesamtkosten von 1,8 Mio. DM saniert. Bund und Land Niedersachsen haben sich mit je 650 000 DM beteiligt. Das Haus wird ausschließlich für Wohnzwecke genutzt.

Kupferschmiedestraße 13

Lückingsches Haus, Wendenstraße 8

Denkmalschutz/Stadtbildpflege

Diese vom Land Niedersachsen und von der Stadt Hameln zur Verfügung gestellten Förderungsmittel sind vor allem zur Renovierung von Gebäudefassaden eingesetzt worden. Hier sind vor allem die Restaurierungs- und Renovierungsmaßnahmen zur Erhaltung der Steinfassaden der Gebäude der Weserrenaissance am Hochzeitshaus, Rattenfängerhaus, Rattenkrug zu nennen. Allein diese drei beispielhaft genannten Maßnahmen erforderten einen öffentlichen Mitteleinsatz von rund 3,2 Mio. DM.

Private Sanierungsmaßnahmen
Die Sanierungsmaßnahmen der Stadt Hameln haben ihre Eigendynamik entwickelt und eine Reihe von privaten Bauherren zur Renovierung eigener alter Bausubstanz motiviert, meist völlig aus eigenen Mitteln. Eine finanzielle Unterstützung wurde fast nur für die Wiederherstellung oder Gestaltung der Fassaden gewährt. Durch diese privaten Initiativen im Rahmen der Altstadtsanierung wurde die Vollendung der baulichen Stadterneuerung wesentlich erleichtert.

Rattenfängerhaus

Hochzeitshaus

Die konzentrierte Förderung privater Modernisierungs- und Instandsetzungsvorhaben setzte auf der Grundlage eines umfassenden Modernisierungskonzeptes aus dem Jahr 1978 ein. Die verfügbaren Förderungsmittel wurden zielgerichtet in Wohnbereichen außerhalb der Geschäftszonen eingesetzt. Es handelte sich regelmäßig um Fachwerkbauten mit hohem Aufwand in der Grundsanierung. Der Kostenaufwand der Maßnahmen lag zwischen 50 und 100 % vergleichbarer Neubaukosten, der Förderungsbeitrag der Stadt (Kostenerstattungsbetrag) im Mittel bei 65 %. Mit dem Einsatz der Förderungsmittel konnte zugleich sichergestellt werden, daß preiswerter Wohnraum erhalten blieb.

Die erste Objektsanierung in Hameln hat der Aerzener Bauunternehmer Grabbe am Haus Pferdemarkt 10/Emmernstraße im Jahre 1952 vorgenommen. Damals gab es den Begriff „Sanierung" offiziell noch gar nicht. Die damaligen Kosten betrugen ca. 120 000 DM.

In den Jahren 1966/1976 wurde die Münsterkirche für ca. 3 Mio. DM saniert. Die Stadt gab hierfür einen Zuschuß von 150 000 DM.

1972/73: Haus Elegance Ritterstraße/Ecke Thietorstraße wurde für rund 100 000 DM saniert.

1979/80: Das Dempterhaus, Am Markt 7 (erbaut 1607/08) wurde für ca. 900 000 DM renoviert. Ein städtischer Zuschuß wurde nur für die Wiederherstellung der Fassade gegeben.

1980/81: Das Haus Ritterstraße/Ecke Baustraße wurde für ca. 800 000 DM renoviert. Die Wiederherstellung der Fassade mit Spitzgiebel wurde von der Stadt Hameln mit einem Zuschuß von 80 000 DM gefördert.

1981/82: Das Haus Hummenstraße 2 (Elsa Buchwitz) mit dem Restaurant „Pfannekuchen" wurde **ohne öffentlichen Zuschuß** für 400 000 DM renoviert.

1982: Am historischen „Rattenkrug" Bäckerstraße 16 (erbaut 1250) wurde die Fassade für 220 000 DM renoviert mit einem

Dempterhaus

Zuschuß des Landes Niedersachsen von 150 000 DM und der Stadt Hameln von 50 000 DM.

1987/88: Die Firma CW Niemeyer hatte bereits 1981 das alte Postgebäude Osterstraße 15/16 gekauft, erbaut 1882/83. Seine Fassade steht unter Denkmalschutz. Nachdem die Hamelner Hauptpost in ihren nahegelegenen Neubau umgezogen war, wurde zu Jahresanfang 1987 mit umfangreichen Um- und Anbauten begonnen. Die Bauarbeiten waren im Jahre 1988 beendet. Im Gebäude befinden sich jetzt die Anzeigenannahme, Vertrieb und Redaktion der Deister- und Weserzeitung. Im Gewölbekeller des historischen Gebäudes wurde das Steakhouse „The Flame" eingerichtet. Insgesamt sind 1470 qm Nutzfläche entstanden. Für Sanierung und Umbau wurden ca. 2,5 Mio. DM investiert.

Neubaumaßnahmen in der Altstadt
Die Stadt Hameln errichtete einen Kindergarten in der Großen Hofstraße und erweiterte die Feuerwache am Ostertorwall. Durch Einsatz von Förderungsmitteln für den Ersatzwohnungsbau war sie an der straßenbegleitenden Bebauung am Kopmanshof mit 46 Wohnungen, an der Sudetenstraße mit 24 Wohnungen und an Baulückenbebauungen beteiligt. Zu den Neubauten zählen auch die Parkbauten in der Altstadt (Anlieger-Tiefgarage Kopmanshof und eine kleinere öffentliche Garage Kopmanshof/Kleine Straße).

Im übrigen sind Neubaumaßnahmen in dem Bemühen um altstadtangepaßtes Bauen – der Zeitpunkt der Realisierung ist zum Teil im Erscheinungsbild ablesbar – von privaten Bauherren und öffentlichen Bedarfsträgern ausgeführt worden. Das bauliche Erscheinungsbild reicht von der Ausbildung in Holzfachwerk oder der vorgeblendeten Fachwerkfassaden zur Ausfüllung von Baulücken in den durch das Fachwerk geprägten Straßenräumen (z. B. Haus Wendenstraße 17 oder Bäckerstraße 41/42) bis zu modernen Großbauten mit mehr oder weniger zur Altstadt passenden architektonischen Gestaltungselementen (z. B. Kaufhaus Hertie, künftig Real-Kauf, Textilkaufhaus Brenninckmeyer, Erweiterungsbauten Stadtsparkasse und Kreissparkasse, Versicherungsgebäude der VGH Ecke Ostertorwall/Kopmanshof). Ein weiteres Beispiel für einen modernen Großbau aus der jüngsten Vergangenheit ist der Neubau der Hauptpost. Er wurde an der neuangelegten Straße „Am Posthof" in den Bereich zwischen Osterstraße und Baustraße errichtet (1983–1986). Hier sind mit insgesamt 243 Mitarbeitern alle altstadtverträglichen Dienststellen konzentriert. Das Gebäude umfaßt 40 000 cbm umbauten Raum mit einer Nutzfläche von 5700 qm.

Private Bauherren und Behörden haben von 1967 bis 1985 innerhalb und am Rande der Altstadt eine Reihe von modernen Großbauten durchgeführt. Soweit die Baukosten höher als eine Million DM waren, werden sie hier genannt:
Kaufhaus Hertie ca. 30 Mio. DM, Neues Postamt ca. 24 Mio. DM, Geschäftshaus Thiewall/Ecke Erichstraße ca. 8 Mio. DM, Amtsgericht Hameln einschließlich Umbau ca. 5 Mio. DM, C.W. Lohmann (jetzt Opitz) ca. 5 Mio. DM, Deutsche Bank ca. 3 Mio. DM, C&A Brenninckmeyer ca. 3 Mio. DM, Textilhaus Kolle ca. 3 Mio. DM, Versicherungsgruppe Hannover (VGH) ca. 3 Mio. DM, Haus Kopmanshof 75 ca. 2 Mio. DM, Deutscher Gewerkschaftsbund ca. 1,2 Mio. DM.
Neben der Sanierung alter Gebäude wurden von **privaten Bauherren** in der Altstadt auch eine Reihe von **Neubauten im alten Stil** geschaffen:
1961/63: Kreissparkasse (ehem. Club zur Harmonie) für ca. 900 000 DM
1978/79: Haus Wendenstraße 17 für ca. 800 000 DM
1981/82: Haus Thietorstraße 2–4 für ca. 600 000 DM
1982/83: Haus Neue Marktstraße 18 für ca. 1 200 000 DM
1981/83: Haus Thietorstraße 8–12 für ca. 2 500 000 DM
1983: Textilhaus Brockmann, Bäckerstraße 41/42 für ca. 2 500 000 DM
Ab 1985/86: Erweiterungsbauten der Stadtsparkasse und der Kreissparkasse (siehe „Der Abschluß der Altstadtsanierung").

Maßnahmen im Tiefbau

Neben der in der folgenden Kostenübersicht unter „Hochbau" erfaßten Parkbauten (Tiefgarage Rathausplatz, Anlieger-Tiefgarage Kopmanshof, öffentliche Garage Kleine Straße/Kopmanshof, Tiefgarage Stockhof mit altstadtbezogenem Stellplatzanteil), den Fußgängertunneln „Grüner Reiter" und „Rathausplatz" und der zentralen Omnibushaltestelle am Hertie-Kaufhaus mit Anschlußstraßen (Gesamtkostenvolumen rd. ca. 33 Mio. DM) beinhalten die im Rahmen der Altstadtsanierung durchgeführten Tiefbaumaßnahmen im wesentlichen den Ausbau von Fußgängerzonen, die Umgestaltung von Straßen- und Platzräumen in verkehrsberuhigte Bereiche, die Erschließung der Blockinnenbereiche und die Verbesserung und Erneuerung der öffentlichen Kanalisation. Der hierfür entstandene Aufwand von rd. 16 Mio. DM erfaßt noch nicht den Zusatzaufwand für die Verbesserung oder Neuverlegung des Leitungsnetzes anderer Versorgungsträger (u. a. Fernwärmeversorgung).

Bauliche Investitionen bis zum 31. Dezember 1987

	Hochbau* in Mio. DM	Tiefbau in Mio. DM
1. städtische Maßnahmen/ geförderte Maßnahmen rd.	160,0	26,2
2. Maßnahmen Dritter (ohne Förderung, Zuwendungen zu Fassadenrenovierungen blieben außer Betracht) ca.	390,0	
Zusammen	550,0	26,2

Die laufenden Maßnahmen im Jahre 1988 (für einige Maßnahmen sind Teilkosten bereits in der Zwischenbilanz bis zum 31. Dezember 1987 erfaßt) sowie die weiteren bis zum Abschluß der Altstadtsanierung im förmlichen Verfahren 1990/91 geplanten Sanierungsmaßnahmen werden einen weiteren öffentlichen Mitteleinsatz (einschließlich erwarteter zweckgebundener Einnahmen) von rd. 25 Mio. DM erfordern.

Neben den laufenden Maßnahmen (größtes Einzelvorhaben ist hier der begonnene Aus- und Umbau der Pfortmühle für die Stadtbücherei mit noch anfallenden Investitionen in der Größenordnung von 8,5 Mio. DM) sowie verschiedenen Modernisierungs-, Förderungs- und Erschließungsmaßnahmen sind beispielhaft geplant:

– eine weitere öffentliche Parkierungsanlage zur Deckung sanierungsbedingten Stellplatzbedarfs = ca. 5 Mio. DM
– Errichtung einer Stadtmauer zwischen den beiden erhalten gebliebenen Türmen der mittelalterlichen Stadtbefestigung = ca. 0,7 Mio. DM
– Umbau des Hochzeitshauses nach Auszug der Stadtbücherei (sanierungsbegleitende Maßnahme – Planung liegt noch nicht vor)
 ca. 1 Mio. DM
– Ausbau einer der Altstadt vorgelagerten Werderinsel als öffentliche Grünanlage ca. 1 Mio. DM.

Entstehung größerer Bauten außerhalb der Innenstadt während der Altstadtsanierung

Für das neue Dienstgebäude des Arbeitsamtes an der Süntelstraße 6 wurden ca. 30 Mio. DM aufgewandt. Die Zahl der Mitarbeiter hatte sich seit dem Bau des früheren Amtsgebäudes in der Zentralstraße im Jahre

---

* einschließlich Parkbauten

1951 mehr als verdoppelt. Auf dem Grundstück Süntelstraße 6 wurden in den Jahren 1980/81 insgesamt 51 983 cbm umbauter Raum geschaffen mit einer Nutzfläche von 7320 qm. Das frühere Dienstgebäude in der Zentralstraße wurde zur Nutzung für die Polizei an das Land Niedersachsen veräußert.

Auf dem Grundstück Ecke Süntelstraße/Wilhelm-Mertens-Platz ist in den Jahren 1983/86 ein Neubau des Finanzamtes Hameln für ca. 20 Mio. DM entstanden. Geschaffen wurden 34 400 m³ umbauter Raum mit einer Nutzfläche von 6471 qm.

Die Ortskrankenkasse für den Landkreis Hameln-Pyrmont hat in den Jahren 1979/1980 auf dem Grundstück Wilhelm-Mertens-Platz 1 ein neues Verwaltungsgebäude mit ca. 23 000 cbm umbautem Raum und einer Nutzfläche von ca. 5700 qm errichtet. Die Baukosten beliefen sich auf eine Summe von ca. 17,3 Mio. DM.

Über den Neubau des Dorint-Hotels Weserbergland wurde im Abschnitt „Hotelruine, Bellevue-Center, Warenhaus" berichtet, und auf die „Rattenfängerhalle" auf dem Stockhofgelände wird im Abschnitt „Rückblick und Ausblick" kurz hingewiesen.

Ohne diese Großbauten außerhalb der Altstadt dürfte das bauliche Gesamtkostenvolumen bis zum geplanten Abschluß der Altstadtsanierung im förmlichen Verfahren (1990/91) allein im Hochbau eine Größenordnung von etwa 680 Mio. DM bis 700 Mio. DM erreicht haben.

Der Abschluß der Altstadtsanierung kommt in Sicht

Altstadtsanierung in den Jahren 1984–1987: Kreissparkasse / Stadtsparkasse / Pfortmühle / Rattenfänger-Halle auf dem Stockhof

Altstadtsanierung in den Jahren 1984–1987
Im Sanierungsgebiet 1 (Bereich zwischen Osterstraße, Bäckerstraße, Neue Marktstraße, Ostertorwall) wurde die Anliegertiefgarage am Kopmanshof im Dezember 1984 fertiggestellt. Sie umfaßt rund 150 Einstellplätze zum Dauerparken. Der Mietpreis beträgt zwischen 50,– und 60,– DM/monatlich. Im darüber errichteten Gebäude wurden Mitte 1985 im öffentlich geförderten Wohnungsbau 46 Mietwohnungen bezugsfertig, z. T. Altenwohnungen und behindertengerechte Wohnungen.
In unmittelbarer Nachbarschaft wurde ein öffentlicher Kinderspielplatz angelegt und die Straße Kopmanshof anschließend ausgebaut.
Im Sanierungsgebiet 2 (übriger Altstadtbereich) wurde die Förderung privater Modernisierungs- und Instandsetzungsmaßnahmen schwerpunktmäßig fortgesetzt. Die Stadt veräußerte 1984 weitere fünf bebaute Grundstücke mit Modernisierungsauflagen für das Gebäude. Damit erhöhte sich die Zahl der zur Sanierung an Privatpersonen veräußerten städtischen Grundstücke auf 70.
1984 wurde die sogenannte Ritterpassage fertiggestellt. Für die Anlieger im Bereich der Großen Hofstraße und der Alten Marktstraße wurden als Zwischenlösung rund 30 Stellplätze errichtet. Auch im Bereich zwischen Alte Marktstraße/Neue Marktstraße sollen ca. 40 Stellplätze geschaffen werden, zunächst im Rahmen einer Zwischenlösung.
Die Instandsetzung und Restaurierung der Fassaden des Hochzeitshauses wurden 1985 begonnen. Zur Pflege, Erhaltung und Verbesserung des Altstadtbildes wurden 34 Fassadenrenovierungen mit städtischen Zuschußmitteln in Höhe von rund 132 000 DM gefördert.
Innerhalb des Sanierungsgebietes 2 wurden 1985 folgende Maßnahmen durchgeführt oder vorbereitet:
Umgestaltung der Heiliggeiststraße als Fußgängerzone, Bau eines Kinderspielplatzes im Bereich Himmelreich, Ausbau einer Kfz-Stellplatzan-

lage für Anlieger im Bereich Kopmanshof zwischen Neue/Alte Marktstraße, zunächst provisorische Stellplätze für Anlieger im Innenblockbereich zwischen Neue Marktstraße, Alte Marktstraße und Hummenstraße; 17 Fassadenrenovierungen im Altstadtbereich wurden aus städtischen Mitteln gefördert.

Im Jahre 1986 wurden im Bereich der Straße „Am Posthof" 26 öffentliche Kfz-Parkplätze und weitere 21 Plätze für den privaten Parkbedarf geschaffen. Die neugestaltete Große Hofstraße wurde im Rahmen eines Anliegerfestes im November 1986 eingeweiht. Die 1986 begonnenen Ausbauarbeiten an der Hummenstraße wurden 1987 abgeschlossen. An der Pfortmühle wurde ein weserseitiger Umgang als Teil der Promenade angelegt. Innerhalb des Baublocks im Eckbereich Bäckerstraße/Münsterkirchhof wurde die innere Erschließung fertiggestellt, zusammen mit 18 Kfz-Stellplätzen für die Anlieger. Weitere (zunächst provisorische) Stellplätze konnten den Anliegern in den Blockbereichen östliche Neue Torstraße und zwischen Alte Marktstraße und Große Hofstraße zur Verfügung gestellt werden. Die Modernisierung verschiedener privater Gebäude wurde fortgeführt, weitere fünf Modernisierungsmaßnahmen wurden für 1987 vorbereitet. Die Restaurierung der Fassade des Hochzeitshauses wurde im Herbst 1986 abgeschlossen. Aus städtischen Mitteln wurden 23 Renovierungsmaßnahmen an Fassaden im Altstadtbereich bezuschußt. 1987 wurde mit der umfangreichsten Sanierung eines einzelnen Gebäudes begonnen, der Pfortmühle. Hierauf wird im Abschnitt „Der Abschluß der Altstadtsanierung kommt in Sicht" noch näher eingegangen. Die Modernisierung und Instandsetzung von weiteren 14 privaten Gebäuden mit öffentlicher Förderung wurde begonnen und für 1988 vorbereitet. Die Restaurierung der Renaissance-Fassade des Leisthauses (Museum) konnte abgeschlossen werden. In den Innenbereichen zwischen Alte Marktstraße, Hummenstraße und Neue Marktstraße sowie zwischen Große Hofstraße, Platzstraße und Alte Marktstraße wurden die privaten Kraftfahrzeug-Stellplätze endgültig ausgebaut.

**Vom Haus des Königs und vom Klubhaus „Zur Harmonie"
zur Kreissparkasse**

Das Verwaltungsgebäude der Kreissparkasse Hameln-Pyrmont, Am Markt 4, galt vor über 200 Jahren als das „schönste Privathaus" in der Stadt Hameln. Der breite Bau bestand ursprünglich aus zwei Fachwerkhäusern. Wahrscheinlich ist die eingehauene Jahreszahl 1573 das Baujahr eines der beiden Teile. Man könnte die über dem Portal stehende Jahreszahl 1743 als das Jahr der Vereinigung der beiden Häuser vermuten. Im

Laufe der Jahrhunderte wurde das geräumige Haus wegen der günstigen Lage im Zentrum der Stadt von den militärischen Befehlshabern in Anspruch genommen. Am Ende des 17. Jahrhunderts wurde es von einer hochadligen Dame, der Äbtissin von Herford, erworben. Nach ihrem Tode ging es im Erbgang als „Haus des Königs" an den Fürsten Friedrich von Hessen-Cassel. In der Folgezeit wechselte das Haus mehrfach seinen Besitzer. Es war der Schauplatz rauschender Festlichkeiten, sehr zum Verdruß der Bevölkerung. Aus städtischem Besitz wurde es von Bürgermeister Domeier an den um das Jahr 1830 gegründeten „Klub zur Harmonie" für 5500 Taler verkauft.

Das „Klubhaus" wurde 1959 von der Kreissparkasse Hameln-Pyrmont erworben, ab 1961 unter Wahrung der barocken Fassade gänzlich neu erbaut und am 21. September 1963 als Hauptstellengebäude in Benutzung genommen. Durch die gute Geschäftsentwicklung der Kreissparkasse war eine Erweiterung des Hauptstellenbetriebes dringend erforderlich. Nach Ankauf und Anmietung von benachbarten Häusern wurden 1985 weitere Umbauten und Erweiterungsbauten der Hauptstelle begonnen. Auf den Neubaubereich entlang der Zehnthofstraße, einschließlich Innenbebauung und Tiefgarage, sowie die Bebauung an der Stubenstraße entfallen insgesamt ca. 28 500 cbm umbauter Raum. Die Tiefgarage mit 82 Einstellplätzen nimmt hiervon ca. 8900 cbm ein. Die Nutzfläche im Neubaube-

Kreissparkasse Hameln-Pyrmont

reich beträgt insgesamt ca. 6440 qm. Die gesamten Um- und Neubaukosten betragen ca. 25 bis 30 Mio. DM.

Von der Garnisonkirche und dem Heiliggeist-Spital zur Stadtsparkasse
Magistrat und Bürgervorsteher beschlossen im Juni 1918 den Ausbau der ehemaligen Garnisonkirche und eines Teils des benachbarten Armenhauses für die „Veranstaltung von Theater, Lichtspielen, Vorträgen und für ähnliche Zwecke". Oberbürgermeister Ado Jürgens beabsichtigte seit 1924, die Kirche in ein unteres und oberes Stockwerk umzubauen. Im Erdgeschoß sollte ein großer Verkaufsraum für Erzeugnisse der Hamelner Handwerkskunst und ähnliches entstehen und im Obergeschoß ein Saal für Vorträge und andere kulturelle Veranstaltungen. Am 24. November 1924 beschloß der Magistrat nach Plänen von Albert Schäfer den Umbau und den Anbau eines Treppenaufgangs zum Saal an der Rückseite des Gebäudes zur Verbindung des Kirchenbaus mit dem benachbarten Hospital. Die Umbauarbeiten waren im Sommer 1926 abgeschlossen. Im oberen Geschoß befand sich ein Saal mit 472 Sitzplätzen und einer Bühne, deren Umrahmung die Rattenfängersage in Relieform darstellte. Der Entwurf hierzu stammte von dem Erfurter Bildhauer Professor Walther und war aus Hamelner Ton in einer hiesigen Ziegelei gebrannt worden. Im Erdgeschoß entstand eine große Halle mit zahlreichen Verkaufsstät-

Stadtsparkasse Hameln

ten. Am 15. März 1927 wurde die Eröffnung des „Grünen Reiters" festlich begangen, so genannt nach dem kleinen, mit grün gewordenen Kupferplatten gedeckten Dachreiter.
Im Februar 1929 faßte der Magistrat den Beschluß, die Geschäftsräume der Stadtsparkasse, die sich seit 1887 im Hochzeitshaus befunden hatten, in die ehemalige Garnisonkirche zu verlegen. Das Erdgeschoß wurde für die Zwecke der Stadtsparkasse umgebaut, der Anbau des massiven, als Zugang zum oberen Saal dienenden Treppenhauses in Angriff genommen und etwa in der Hälfte des angrenzenden Stiftsgebäudes zu Garderoben- und Toilettenräumen umgebaut. In dem restlichen Teil des alten Stiftes entstanden als Ersatz für die Räume in der Garnisonkirche neue Ausstellungsräume. Sie konnten von dem Hamelner Gewerbehaus „Grüner Reiter" im Herbst 1929 bezogen werden.
Der bis 1945 für Konzerte und Veranstaltungen benutzte Stadtsaal im Obergeschoß der ehemaligen Garnisonkirche wurde bei Kriegsende von der Besatzungsmacht beschlagnahmt und ziemlich ramponiert. Da der Bedarf für Theater-, Vortrags- und Festräume durch die neue Weserbergland-Festhalle mit Großem und Kleinem Haus zunächst gedeckt war, nutzte die Stadtsparkasse mit provisorischem Ausbau den alten Stadtsaal. Wegen weiteren Raumbedarfs erfolgte in den Jahren 1962/63 der Umbau der Ausstellungsräume des Hamelner Gewerbehauses im ehemaligen Heiliggeist-Stift für die Zwecke der Stadtsparkasse. Auf der Fläche des früheren Stadtsaals wurden die provisorisch hergerichteten Räume für die expandierende Kreditabteilung in moderne Büros umgebaut.
Im Laufe der Jahrzehnte ist vielfach nach einem neuen Standort für die Stadtsparkasse gesucht worden. 1939 bestanden Pläne für einen Sparkassen-Neubau im früheren Rosengarten neben der Landeszentralbank. Seit 1976 liefen Planungen für einen Verwaltungsneubau in der Heiliggeiststraße und einer Erweiterung der Schalterhalle im Heiliggeist-Stift. 1983 wurde der Neubau des Verwaltungsgebäudes an der Heiliggeiststraße begonnen. Er umfaßte 13 000 m^3 umbauten Raum mit 4275 m^2 Nutzfläche. In der Tiefgarage des Gebäudes stehen 53 Stellplätze zur Verfügung. Die Umbauarbeiten im Heiliggeist-Stift wurden 1988 beendet. Die Baukosten für das neue Verwaltungsgebäude in der Heiliggeiststraße und für den Umbau des Heiliggeist-Stiftes betrugen insgesamt ca. 12 Mio. DM.

Die Pfortmühle wird zur Stadtbücherei
Im Rahmen der Planungen zur Altstadtsanierung kaufte die Stadt Hameln am 20. Dezember 1974 von der Kampffmeyer Mühlen GmbH die Pfortmühle, das Wohnhaus Sudetenstraße 5/6, das Speichergebäude

Fischpfortenstraße 30/Kupferschmiedestraße 4 und das Wohngebäude Fischpfortenstraße 29. Die Wasserkraftanlage in der Mühle wurde nicht erworben. Der Ankauf erfolgte zu diesem Zeitpunkt, weil ein Garagengebäude am Wohnhaus Sudetenstraße 5/6 für den geplanten City-Busbahnhof abgerissen werden mußte und im Bereich des Speichergebäudes eine neue Häuserzeile an der Sudetenstraße bis zur Ecke Fischpfortenstraße gebaut werden sollte. Das eigentliche Mühlengebäude wurde damals gar nicht benötigt. Ein Ratsherr erinnerte sich 1986, daß der Ausbau des City-Busbahnhofs, die Gebäudeankäufe und die Entschädigungsleistungen an die Firma Kampffmeyer zur Betriebsverlagerung rund 19 Mio. DM gekostet haben.

In der Sitzung des Bauausschusses am 18. Oktober 1984 stellte Stadtbaurat Koß ein von der Arbeitsgruppe Altstadtsanierung entwickeltes Konzept über die zukünftige Nutzung der Pfortmühle vor: ein Café im Erdgeschoß, ein Touristenhotel in der mittleren Ebene und Altenwohnungen im oberen Bereich. Als Umbaukosten wurden rund neun Mio. DM genannt.

Die Deister- und Weserzeitung brachte am 3. Dezember 1984 meinen Beitrag unter der Überschrift: „Denkmalpflege braucht kein Götze zu werden / Pfortmühle und Zuchthaus tabu?". Darin hieß es u.a.:

„Der Rat der Stadt Hameln hat vor nicht allzu langer Zeit aus guten Gründen beschlossen, die Pfortmühle abzureißen. Heute wird von Mitgliedern der Bauverwaltung und des Rates die geplante Renovierung der Pfortmühle bejubelt. Steuergelder sollen großzügig fließen für die Erhaltung eines ‚Industrie-Denkmals', das wie ein Hochbunker aus unseligen Zeiten den Anblick auf Weser und Klüt verstellt. Die Entstehung einer schönen Weserpromenade wird verhindert. Die Stadtverwaltung hat in den letzten Jahren vielfältige Überlegungen zu einer eventuellen Nutzung der Pfortmühle angestellt. Geplant wurden eine Hochgarage mit einem danebenliegenden monströsen Auffahrtsturm, ein Hotel, Wohnungen, Gastronomie und Läden. Empfohlen wurde auch die Verlegung der Stadtbücherei hierher, die Errichtung eines Landwirtschafts-Museums und irgendwelche Gemeinschaftseinrichtungen. Nicht nur Rat und Verwaltung, sondern alle Bürger dieser Stadt sollten intensiv darüber nachdenken, daß die jetzt gegebene Möglichkeit für den Abriß der störenden Pfortmühle zur Verschönerung unserer Stadt und des Weserufers genutzt wird. Die Mittel der Länder und der Gemeinden zur Erhaltung oder Wiederherstellung von historisch wertvollen Gebäuden sind nicht unbeschränkt. Als Kriterium könnte gelten, daß nur solche Gebäude zu erhalten sind, die man wegen ihres historischen Wertes wiederaufgebaut hätte, wenn sie durch Krieg, andere Schadensereignisse oder durch altersmäßigen Verfall zerstört gewesen wären."

Die Stadtverwaltung überreichte den Ratsmitgliedern zur Sitzung am 12. Dezember 1984 eine Ausarbeitung der Arbeitsgruppe Altstadtsanierung zur Pfortmühle, mit der Oberstadtdirektor Dr. von Reden-Lütcken zu einem „vertiefenden Informationsstand über die denkmalpflegerische Bewertung und städtebauliche Akzeptanz des Gebäudes" beitragen wollte. In dieser nicht-öffentlichen Sitzung hat der Rat der Stadt Hameln bei geheimer Stimmabgabe mit 22 Zustimmungen bei 15 Gegenstimmen und 3 Enthaltungen den Erhalt der Pfortmühle beschlossen und weiterhin die Inanspruchnahme des Landeszuschusses für die Auslagerung der Wasserkraft, der im Rahmen der Altstadtsanierung an die Voraussetzung geknüpft ist, daß die Pfortmühle als Bauwerk erhalten bleibt.

An der Leser-Diskussion der Deister- und Weserzeitung über Erhaltung oder Abriß der Pfortmühle haben sich 13 Bürger beteiligt. 11 waren für Abriß, 2 für Erhaltung. Im Sinne der Erhaltung äußerten sich in der Deister- und Weserzeitung auch die Aktionsgemeinschaft Altstadtansierung und der Sanierungsbeirat.

Am 29. Mai 1985 legte ein Arbeitskreis der Verwaltung Nutzungsvorschläge für die Pfortmühle und das Hochzeitshaus vor. Die Stadtbücherei soll in die umgebaute Pfortmühle verlegt werden. Dadurch würden im Hochzeitshaus ca. 920 qm Nutzfläche frei. Daraus sollen im Erdgeschoß ein ca. 200 qm großer repräsentativer Empfangsraum mit Nebenräumen geschaffen werden. Mehrfachnutzung soll möglich sein, auch für Vorträge, Konzerte, Ausstellungen, Tagungen usw.

Ehe die Stadtverwaltung an die Sanierung und an den Umbau der Pfortmühle gehen konnte, mußten die alte Turbinenanlage entfernt und eine neue Turbinenanlage im ehemaligen Hafen vor der Pfortmühle erbaut werden. Die Firma Kampffmeyer bekam vom Land Niedersachsen im Rahmen der Altstadtsanierung für die Verlegung der Turbinenanlage einen Zuschuß von 4,79 Mio. DM. Zusammen damit investierte sie für die neue Turbinenanlage neben der Pfortmühle insgesamt 8,565 Mio. DM. Am 25. September 1986 wurde die Turbinenanlage an der Pfortmühle mit einem Knopfdruck von Oberbürgermeister Dr. Walter-Dieter Kock angefahren. Dieses bis dahin größte Wasserkraftwerk an der Oberweser bringt mit seiner 14 Tonnen schweren Turbine eine Jahresleistung von 6 Millionen Kilowatt.

Die Tiefbauarbeiten zur Sanierung der Pfortmühle wurden ursprünglich mit 1,6 Mio. DM veranschlagt. Bei den Sicherungsarbeiten wurden nach Freilegung der Fundamente in Teilbereichen noch nicht bekannte Schä-

den erkannt. Die Mehrkosten der Fundamentsanierung wurden überschlägig auf ca. 0,5 Mio. DM geschätzt. Damit waren die Kosten für Tiefbauarbeiten an der Pfortmühle auf ca. 2,1 Mio. DM angestiegen.
Im Oktober 1985 war zu erkennen, daß die an der Südwand der Pfortmühle vorhandenen kleineren Risse sich erheblich vergrößert hatten. Es wurde vermutet, daß diese Fassadenschäden durch das Einrammen von Spundpfählen an der Baugrube des Turbinenhauses entstanden waren. Die Firma Kampffmeyer war für solche Schäden durch Bauarbeiten versichert und übernahm die Kosten für die erforderliche Sanierung.
Für die Hochbauarbeiten zur Sanierung der Pfortmühle hatte die Stadtverwaltung bei der Bezirksregierung im Rahmen des Kostenanerkennungsverfahrens einen förderungsfähigen Kostenaufwand von 7,4591 Mio. DM angemeldet. Er umfaßte die Kosten für das Bauwerk, Außenanlagen und den Ablösungsbetrag für die erforderlichen Kfz-Einstellplätze. Nicht darin enthalten waren die Kosten für die Inneneinrichtung (einschließlich Beleuchtung) sowie die Einführung von neuen Medien und einer Datenverarbeitung für die Stadtbücherei. Auf Grund dieser Angaben vom 19. März 1986 habe ich in der öffentlichen Bauausschußsitzung vom 24. April 1986 die Verwaltung darauf hingewiesen, daß sie beim Umbau der Pfortmühle ursprünglich von 5 Mio. DM gesprochen habe, verteilt auf die Jahre 1986 und 1987.

Oberstadtdirektor Dr. von Reden-Lütcken mußte in der Ratssitzung am 8. Juni 1988 bekanntgeben, daß bei den Hochbaumaßnahmen mit einer weiteren Kostenerhöhung von 0,95 Mio. DM zu rechnen sei. Dies wäre auf zuvor nicht bekannte Schäden am Bauwerk und auf den Konkurs der Bauunternehmung Grabbe zurückzuführen. Damit erhöhen sich die Hochbaukosten auf 8,491 Mio. DM und die Gesamtkosten für den Ausbau der Pfortmühle, einschließlich der Tiefbauarbeiten, auf ca. 10,5 Mio. DM. Kosteneinsparungen sollen durch die Nichtausführung bzw.

Pfortmühle an der Weser

Zurückstellung bisher einkalkulierter Baumaßnahmen erreicht werden. In der gemeinsamen öffentlichen Sitzung von Verwaltungsausschuß und Bauausschuß am 13. Juli 1988 habe ich gesagt: „In der geheimen Abstimmung im Rat am 12. Dezember 1984 über die Sanierung der Pfortmühle und den Ausbau zur Stadtbücherei haben mit Sicherheit einige Mitglieder der CDU-Fraktion nicht zugestimmt. Die Annahme des Antrages ist nur möglich gewesen, weil auch Mitglieder anderer Fraktionen zugestimmt haben. Grundlage für die Annahme des Antrages im Rat waren zu optimistische Kostenschätzungen. Ich bin immer gegen den Ausbau der Pfortmühle gewesen, weil ich sie für eine nichtausbaufähige Ruine hielt. Der bauliche Zustand war mir seit Jahrzehnten durch sachverständige Informationen bekannt. Außerdem hielt ich die denkmalpflegerischen Gründe zur Erhaltung der Pfortmühle für nicht ausreichend."

Die CDU trägt keinesfalls allein die Verantwortung für den Ausbau der Pfortmühle. Der geheime Ratsbeschluß mit 22 gegen 15 Stimmen bei 3 Enthaltungen kam durch einen interfraktionellen Kompromiß zustande: Die SPD erhielt die Zustimmung zum Bau einer Sporthalle in Hilligsfeld.

Rattenfängerhalle auf dem Stockhof

Am 10. Mai 1988 wurde die „Rattenfängerhalle" auf dem Stockhof eingeweiht und damit in Betrieb genommen. Die Halle erfüllt mehrere Funktionen. Sie dient der benachbarten Handelslehranstalt des Landkreises Hameln-Pyrmont für den täglichen Schulsport und wurde deshalb vom Kreis mitfinanziert. Nach Meinung der Stadtverwaltung sollte die Halle abends für den Vereinssport in Hameln und an den Wochenenden für örtliche und überörtliche Großveranstaltungen zur Verfügung stehen, für Sport und Spiele, Konzerte und Feste, Tagungen und Kundgebungen. Bei den Finanzierungs-Verhandlungen der Stadt Hameln mit dem Landkreis ist anscheinend nicht bekannt gewesen, daß solche Vorhaben mehr oder weniger mit dem Schulsport des Landkreises kollidieren.

Die „Rattenfängerhalle" dokumentiert den Willen von Rat und Verwaltung, der Aufgabe von Hameln als Mittelzentrum mit einem Einzugsbereich von 200 000 Menschen in jeder Hinsicht gerecht zu werden. Dabei hat es anscheinend keinen genauen Überblick über Kosten und Folgekosten gegeben. Für den Bau der „Rattenfängerhalle" sind im Entwurf des Investitionsprogramms 1987 bis 1991 mit Stand vom 2. Dezember 1987 19,377 Mio. DM angegeben. Weiterhin werden in diesem Investitionsprogramm noch folgende Kosten genannt:

Für Grünanlage Stockhof/Teilbereich Weserpromenade DM 5,857 Mio.
Für Kreuzung Münsterwall/Mühlenstraße (mit Tunnelbau)
DM 2,120 Mio.
Die Stockhof-Tiefgarage war fertiggestellt und wurde in diesem Investitionsprogramm nicht mehr genannt. Nach Angaben der Verwaltung sind dafür 17,057 Mio. DM anzusetzen. Die „Rattenfängerhalle" kostet mit Tiefgarage und Außenanlagen damit vorerst 44,411 Mio. DM.
Demnach sind die Gesamtkosten heute schon doppelt so hoch wie jene 22 Mio. DM, mit denen der Planungs- und Bauausschuß zusammen mit dem Ausschuß für Jugend und Sport am 22. Oktober 1983 und der Verwaltungsausschuß der Stadt Hameln am 2. November 1983 die „Realisierung" einer Mehrzweckhalle und Tiefgarage mit 400 Stellplätzen beschlossen haben.

Altstadt und Verkehr

Der Vorstand des Hamelner Einzelhandelsverbandes schrieb am 11. November 1986 an die neugewählten Ratsmitglieder u. a.:
„Es gilt jetzt, die positive Altstadtsanierung in der Weise weiterzuführen, daß die Innenstadt auch in der Zukunft weiter funktionsfähig und attraktiv bleibt. Die Zeit ist reif für Beschlüsse, die darüber entscheiden, welche Zukunftsaussichten dem Hamelner Handel offenstehen. Die Lösung des Parkproblems für Kurzzeitparker für die Innenstadt und eine attraktive Verkehrsführung mit einem Zeittaktsystem für die Kraftverkehrsgesellschaft werden von ausschlaggebender Bedeutung sein.
Zum Parkplatzproblem allgemein gibt es wissenschaftliche Untersuchungen seit dem Jahr 1965, die eindeutig aussagen, daß, wenn ausreichend Parkplätze den Fußgängerzonen unmittelbar zugeordnet sind, dieses eine positive Entwicklung für die Besucherfrequenz und eine Umsatzzunahme für den Handel bedeutet. Der festgestellte Schwellwert liegt etwa bei 10 Einstellplätzen auf 100 Quadratmeter Fußgängerbereich. Liegt die Stellplatzausstattung darunter, so sind Frequenz- und Umsatzeinbußen zu erwarten. Für die Hamelner Innenstadt liegt der Schwellwert bei ca. 1600 Kurzzeitparkplätzen in unmittelbarer Zordnung. Davon sind wir heute aber noch weit entfernt. Z. Z. stehen für den Innenstadtbereich ca. 700 Stellplätze zur Verfügung. Deshalb liegt uns ein schneller Ausbau einer City-Garage auf und unter dem Busbahnhof besonders am Herzen. Die Erstellung von Kurzzeitparkplätzen ist praktische und sehr wirkungsvolle Wirtschaftsförderung und bedeutet den Erhalt von Arbeitsplätzen." Der

Vorstand des **Hamelner Einzelhandelsverbandes** verlangte 1988 etwa 400 weitere Kurzzeitparkplätze in der Innenstadt.
Der Vorsitzende des Einzelhandelsverbandes schrieb mir am 5. Januar 1989 u. a.: „Für das Jahr 1980 sah der Generalverkehrsplan für die Stadt Hameln 1300 Kurzzeitparkplätze vor. Für 1984 ergaben sich ca. 1450 Kurzzeitparkplätze. Wenn man hochrechnet und die stark anwachsende Zahl der Personenkraftwagen berücksichtigt, ergeben sich 1650 Kurzzeitparkplätze für 1990. Unsere eigenen Zählungen ergaben im Jahr 1988, einschließlich der damals noch vorhandenen 88 Kurzzeitparkplätze auf dem Gelände des alten Finanzamtes, etwa 1350 Kurzzeitparkplätze. Die Stellplätze der Stadtsparkasse und der Kreissparkasse haben wir nicht mit berücksichtigt, da sie nur für die eigenen Kunden bestimmt sind. Nach einer „Formel" des Deutschen Städtetages werden für 100 Quadratmeter Fläche einer Fußgängerzone 10 Kurzzeitparkplätze benötigt. Dann wären für die Hamelner Kernstadt mit ca. 14 400 qm ca. 1440 Kurzzeitparkplätze erforderlich. (Es wurden nur die Flächen von Oster-, Bäcker-, Ritter-, Emmernstraße und Markt zugrunde gelegt.) Bei genauer Zählung der Flächen aller Nebenstraßen, die inzwischen fast alle zu „Handelsstraßen" geworden sind, dürfte sich leicht ein Bedarf von ca. 1600 bis 1700 Kurzzeitparkplätzen ergeben. Bei der „Formel" für die Berechnung handelt es sich um „Schwellenwerte", deren Überschreitungen sich positiv und deren Unterschreitungen sich negativ für ein Gemeinwesen auswirken. Tägliche Klagen von Kunden, eigener Augenschein und der starke Park-Suchverkehr sind Tatsachen, die den Mangel an Kurzzeitparkplätzen in Hameln belegen! Eine abnehmende Kundenzahl in vielen Handelsbetrieben der Stadt sind ein Zeichen dafür, daß sich schon eine Vielzahl von Umlandkunden anderweitig orientieren. Wir fordern schon lange eine Umwandlung von Dauerparkplätzen in Kurzzeitparkplätze mit Uhr oder Scheibe. Wir fordern weiterhin die Eigenbeschaffung von Parkplätzen durch Arbeitnehmer und Altstadtbewohner."
Die Berechnungs-Systematik der Stadtverwaltung und des Einzelhandelsverbandes für Parkplätze in Hameln ist nicht identisch. Daher lassen sich die beiderseitigen Errechnungsergebnisse nicht völlig vergleichen. Aus den folgenden Überlegungen von Rat und Verwaltung am Jahresende 1988 ist aber deutlich zu erkennen, daß darin ebenfalls ein Stellplatzbedarf anerkannt wird.
Rat und Verwaltung müssen allerdings an Einzelhändler und Filialisten in der Hamelner Geschäftswelt die Frage stellen, in welchem Umfang sie selbst zur Schaffung von Parkplätzen über und unter der Erde beigetragen haben. Es gibt dafür hervorragende Beispiele, so die Parkplätze der Firma

CW Niemeyer, der Firma Dirsuweit am Ostertorwall, der Weinhandlung Kropp am Kopmanshof, um nur einige Parkplätze zu erwähnen. In der mir von der Stadtverwaltung genannten Zahl von 920 Parkplätzen in Tiefgaragen sind wahrscheinlich die Stellplätze der Firmen Kolle, Bühring und der Drogerie Ahrens enthalten. Andererseits ist bekannt, daß Geschäftsleute in der Hamelner Innenstadt ihre Grundstücke ohne Rücksicht auf die Stellplatzverpflichtungen restlos bebaut haben. Es erschien ihnen offenbar „preiswerter", die Stellplatzverpflichtung in bar abzulösen, als Stellplätze über oder unter der Erde zu schaffen. Wenn dann von diesen Firmen auf den Parkplatzmangel in der Hamelner Geschäftswelt hingewiesen wird, muß das beim Steuerzahler einige Verwunderung hervorrufen.

Überlegungen von Rat und Verwaltung am Jahresende 1988
Für den Bereich der Innenstadt sind auf Grund von Zählungen, Verkehrsberechnungen (3. Fortschreibung des Generalverkehrsplanes) sowie der gewünschten Verkehrsstruktur (Abwägung Autoverkehr, Busverkehr, Rad) 1300 uneingeschränkt öffentliche Stellplätze für den normalen Wochentag anzustreben.
Z. Zt. stehen für den Bereich der Innenstadt entsprechende öffentliche Stellplätze einschließlich der Stellplätze auf den Behelfsparkplätzen Hermannstraße und Stockhof nahezu in Höhe der Zielzahl zur Verfügung, und zwar:

– Tiefgarage Stockhof	=	300 (insgesamt 428)*
– Tiefgarage Hertie	=	82 (insgesamt 296)*
– Tiefgarage Rathaus	=	228
– Parkgarage Kopmanshof	=	122
– Parkplatz Viehmarkt	=	60
– Parkplatz Wilhelmstraße	=	59
– Straßenrandbereiche (Parkuhrenplätze)	=	289
– Behelfsparkplatz Hermannstraße	=	82 (entfallen später)
– Behelfsparkplatz Stockhof	=	73 (entfallen später)
	=	1 295

* Die Tiefgarage Stockhof ist mit Rücksicht auf das Nutzungsrecht des Landkreises für 100 Plätze (während der Schulzeiten) und möglicher vereinzelter Veranstaltungen in der Rattenfänger-Halle während der allgemeinen öffentlichen Parkbedarfszeit nur mit rund 300 Plätzen der allgemeinen Bedarfsdeckung zugerechnet.
Die Tiefgarage Hertie ist mit dem den bauaufsichtlichen Stellplatzbedarf übersteigenden Stellplatzangebot der allgemeinen Bedarfsdeckung zugerechnet.

Bei Wegfall der Behelfsparkplätze verbleibt ein dauerhaft verfügbares Angebot von 1140 Plätzen.
Für den erhöhten Parkbedarf an Samstagen oder anderen Tagen mit hohem Parkbedarf stehen weitergehend die Tiefgaragen der Sparkassen (rund 100 Plätze), die Tiefgarage Stockhof – zeitweise – mit ihrer vollen Kapazität und in Randlage auch die Parkplätze des Finanzamtes und unter der Hochstraße zur Verfügung. Dieses Angebot für Zeiten des erhöhten Parkbedarfs bleibt auch künftig bestehen.
Nach Angaben der Stadtverwaltung gibt es in der **Hamelner Geschäftsstadt zwischen Weser und Stadthamel** an den Straßenrändern ca. 800 Dauerparkplätze ohne Parkuhr. Unabhängig davon sind in der Hamelner Geschäftsstadt nach den Unterlagen der Stadtverwaltung weitere ca. 2100 Stellplätze auf Privatgrundstücken vorhanden, einschließlich der städtischen nicht öffentlich gewidmeten Grundstücke. Davon befinden sich in Tiefgaragen des Kaufhauses an der Stubenstraße 296, der Stadtsparkasse 49, der Kreissparkasse 79, der Post 88, der Stadt (Kopmanshof) 149 und an sonstigen Standorten 259, insgesamt 920 Stellplätze in Tiefgaragen. Davon werden rund ein Viertel für das Parken von Kunden in Anspruch genommen und rund drei Viertel für Bewohner und Beschäftigte.
Seit der förmlichen Festlegung der Sanierungsgebiete im Jahre 1972 wurden für insgesamt 600 Stellplätze Ablösungsbeträge im Zusammenhang mit Baumaßnahmen im Altstadtbereich von Privat gezahlt. Da die Ablösungsbeträge für die Verpflichtung zur Schaffung bauaufsichtsrechtlich notwendiger Einstellplätze weder in der Zahl der Plätze noch in der Höhe der dafür erforderlichen Kosten zeitgemäß waren, sind solche Ablösungsbeträge für die Stadtverwaltung niemals eine volle Bezahlung für Stellplätze im Freien und schon gar nicht für Tiefgaragenplätze gewesen.

Stellplatzbedarf
Um die bereits derzeit annähernd erreichte Zielzahl von 1300 uneingeschränkt öffentlichen Stellplätzen für den normalen Wochentag auch nach Wegfall der Behelfsparkplätze dauerhaft anbieten zu können, wird es erforderlich sein, das bisherige (und auch künftig dauerhaft verfügbare) Angebot um rund 160 Parkplätze zu ergänzen.

Standortbewertungen und Konzeptvarianten
Zur weitergehenden Deckung des Stellplatzbedarfs sind auf der Grundlage der aktualisierten Standortuntersuchungen und -bewertungen aus

dem Jahre 1984 die Bereiche „Viehmarkt" und „Stockhof" mit folgenden Varianten in die engere Betrachtung genommen worden:
Parkhaus auf dem Viehmarkt mit rund 300 Plätzen; Parkhaus auf dem Viehmarkt mit 446 Plätzen; Tiefgaragen-Erweiterung Stockhof um rund 80 Plätze zuzüglich weiterer Maßnahmen zur Angebotsverbesserung.
Weitere, bereits früher untersuchte Varianten mit erheblichen verkehrstechnischen, städtebaulichen, wirtschaftlichen oder die Realisierungsmöglichkeit betreffenden Vorbehalten (z. B. Tiefgarage Viehmarkt, Parkierungsanlage im Bereich Wilhelmstraße, Tiefgarage Bürgergarten) werden nach wie vor nicht als empfehlenswerte Lösungsvarianten betrachtet. Von einer näheren – wiederholenden – Darstellung dieser untersuchten Varianten wird daher abgesehen.
Wenn alljährlich zu Fronleichnam, der in Lippe/Westfalen gesetzlicher Feiertag ist, die „Invasion" unserer Nachbarn in die Einkaufsstadt Hameln einsetzt, kommt es regelmäßig zu einer Parkplatzkatastrophe. Für eine solche Situation kann wohl keine Stadt vorsorgen. An den einkaufsfreien Sonnabenden vor Weihnachten wird durch einen „Park and Ride"-Verkehr das Parkproblem leidlich gelöst.

Öffentlicher Personennahverkehr
Der öffentliche Linienverkehr im Bereich Hameln wird insbesondere von der Kraftverkehrsgesellschaft (KVG) versehen. Ihr Defizit, das auf zeitweilig geringer Auslastung und einer umstrittenen Linienführung in der Altstadt beruht, muß überwiegend von der Stadt Hameln getragen werden. Die meisten Linien führen in den City-Busbahnhof vor dem ehemaligen Hertie-Kaufhaus hinein. Abgesehen von Stoßzeiten sind die vom Münsterwall oder vom Thiewall hineinfahrenden Busse bei An- und Abfahrt wenig gefüllt. Dieser mit einem Millionenaufwand gebaute City-Busbahnhof und die neue Thiewallbrücke – nach einer Formulierung von Professor Dr. Marianne Kesting eine „Brücke direkt ins Kaufhaus" – sollten für einen Kaufhaus-Konzern den Stubenstraßen-Bereich als Bauplatz „schmackhaft" machen. Der Abriß dieses Stadtviertels galt als „Initialzündung" für den Beginn der Altstadtsanierung. In Anbetracht der Defizite der Kraftverkehrsgesellschaft bahnen sich in den politischen Gremien und in der Geschäftsführung der Kraftverkehrsgesellschaft Überlegungen an, den City-Busbahnhof wesentlich zu verkleinern und die „Bedienung" der Innenstadt mit dem öffentlichen Personennahverkehr durch weitere Bus-Halteplätze auf den Wällen um die Altstadt zu gewährleisten.

Der Rat der Stadt Hameln hat in der Vergangenheit mit überwiegender Mehrheit beschlossen, daß die neue innerstädtische Straße „Kopmanshof" nicht für den Linienverkehr von Bussen freigegeben wird. Sie ist absichtlich auch so angelegt, daß sie dafür nicht geeignet ist. Der Kopmanshof soll nur dem Anliefer- und Anlieger-Verkehr dienen. Trotzdem hat die Kraftverkehrsgesellschaft immer wieder Vorstöße unternommen, um eine Linienführung für ihre Busse hier zu erreichen. Die privaten Anruf-Sammel-Taxen der Kraftverkehrsgesellschaft für den „Mondschein-Verkehr" dürfen durch den Kopmanshof fahren. Die Beschlußgremien der Stadt haben dazu eindeutig festgestellt, daß dies kein Präzedenzfall für den Linienverkehr ist. Die „Mondschein-Taxen" werden von der Kraftverkehrsgesellschaft eingesetzt, um einen unwirtschaftlichen Linienverkehr spätabends und frühmorgens einzusparen. Die „Mondschein-Taxen" halten im Kopmanshof unmittelbar hinter verschiedenen Gaststätten. Das unvermeidliche Türenschlagen wäre zu vermeiden, wenn unsere Mitbürger nach dem Gaststättenbesuch einen gesundheitsfördernden Spaziergang bis zur nächsten Haltestelle an den Wällen machen würden.

Wirtschaftliche und soziale Folgen der Altstadtsanierung

Die wirtschaftlichen und sozialen Folgen der Altstadtsanierung wurden bisher kaum untersucht. Wie war die „Sozialverträglichkeit" der Hamelner Altstadtsanierung? Wie haben sich die Strukturen und der Umsatz von Handel, Handwerk und Gastronomie entwickelt? Welche wirtschaftlichen Erfolge oder Mißerfolge sind heute zu erkennen? Welche Folgen hatte die Altstadtsanierung aus Sicht der Mieter, der Vermieter und der Verkehrsteilnehmer? Wie hat sich die Einwohnerzahl entwickelt?

Im Laufe der Altstadtsanierung haben sich in Hameln eine Reihe von Personen und Organisationen zu den wirtschaftlichen und sozialen Folgen der Altstadtsanierung geäußert.

Wolfgang Steiniger, einer der Experten des Einzelhandelsverbandes in der Stadt Hameln schrieb mir 1984: „Zu Beginn der Altstadtsanierung gab es in Hameln unterschiedliche Meinungen über die Auswirkung bei der Ansiedlung des Textilkaufhauses Brenninckmeyer und des Kaufhauses Hertie. 128 Hamelner Einzelhändler gründeten die Vereinigung „Hamelner Kaufleute" und meldeten bei der Stadt Einsprüche und Bedenken dagegen an. Sie erwogen auch den Austritt aus dem Einzelhandelsverband. Erst nach mehrmaligen Verhandlungen mit dem Vorstand in Hannover wurde ein Kompromiß gefunden. Die Hamelner Kaufleute gründeten den heute noch bestehenden Stadtverband. Die Einsprüche und Bedenken gegen die beiden Kaufhäuser wurden von der damaligen Ratsmehrheit verworfen. Erreicht wurde jedoch eine erhebliche Reduzierung der Verkaufsfläche im Kaufhaus von 20 000 qm auf 6300 qm.

Eine Reihe von Einzelhandels-Unternehmen hat aufgegeben, weil Filialketten über Makler in bestehende Mietverträge einbrachen. Zum Teil wurden erhebliche Abfindungen für die Aufgabe bestehender Betriebe gezahlt. Heute ist in einigen Branchen die Verkaufsfläche zu groß und die Umsatzentwicklung stagniert. Die Zahl der Beschäftigten ging im Verhältnis zu der erweiterten Verkaufsfläche zurück. Aber auch die neuen Großbetriebe haben ihre Umsatzerwartungen bis heute wahrscheinlich noch nicht erreichen können. Einige alteingesessene Betriebe glaubten mit den Großbetrieben mithalten zu müssen. In Verkennung ihrer wirtschaftlichen Kraft haben sie großzügig gebaut und sich damit übernommen. Trotz eigener Fehler sind sie letztlich ein Opfer der Sanierung geworden. Die erwartete Umsatzsteigerung war durch die inzwischen erfolgte Ansiedlung anderer Betriebe nicht zu erreichen gewesen."

Bankdirektor Helge Dinkela, damals Vorsitzender der Arbeitsgemeinschaft der Unternehmer im mittleren Wesergebiet, schrieb mir 1984: „Ich kann mich nur als Leiter einer Hamelner Privatbank äußern. Ich hielt die Hamelner Altstadtsanierung für dringend notwendig, und sie hat sich, soweit ich bis heute erkennen kann, positiv für die Stadt Hameln in jeder Beziehung ausgewirkt. Nach meiner Auffassung ist durch die Aufgabe einer Anzahl von Mittel- und Kleinbetrieben die Vielfalt des Warenangebotes nicht geringer geworden, sondern durch das Vordringen sortimentsstarker Kaufhäuser und Filialbetriebe eher erweitert, insbesondere auch an gängiger Ware. Vor der Altstadtsanierung fuhr ein großer Teil der Hamelner zum Einkaufen in die Landeshauptstadt. Inzwischen ist das Pendel beinahe zurückgeschlagen. Verbraucher aus dem näheren Umland von Hannover fahren nach Hameln, um hier einzukaufen.

Insbesondere aus Kreisen des Hamelner Einzelhandels hört man immer wieder die Klage, daß auswärtige Filialketten und Verbrauchermärkte zum Ruin des Hamelner Einzelhandels führen würden. Diese Argumentation scheint mir vordergründig und teilweise egoistisch. Die Stadt Hameln besteht nicht nur aus dem heimischen Einzelhandel, sondern in weit größerem Maße aus den Verbrauchern. Diesen aber hat die Ansiedlung kapitalstarker Einzelhandelsunternehmen zweifellos Vorteile gebracht. Der Wettbewerb wirkt hier als ein Preisregulativ, von dem letztlich die überwiegende Mehrzahl der Bewohner dieser Region profitieren dürfte. Es soll nicht verkannt werden, daß dadurch ein vermutlich bislang nicht gekannter Konkurrenzdruck zu spüren ist.

Die Aussiedlung von gewerblichen und auch Handwerks-Betrieben aus der Innenstadt erfolgte, von wenigen Ausnahmen abgesehen, durch Verlegung derartiger Betriebe an die Peripherie der Stadt. Hierfür hatte die Stadt zwei Gewerbebereiche zur Verfügung gestellt, nämlich in der Stüvestraße und in Wangelist/Klein Berkel. Zum überwiegenden Teil haben die nach dort verlegten Firmen eine überdurchschnittliche und positive Entwicklung genommen. Ein Festhalten von Handwerksbetrieben und Gewerbebetrieben im Innenstadtbereich hätte nicht nur Sinn und Zweck der Altstadtsanierung in Frage gestellt, sondern auch die dort verbleibenden Firmen vor Probleme gestellt.

Meiner Meinung nach wurden durch die Altstadtsanierung optimale Voraussetzungen für eine positive Entwicklung von Handel und Gewerbe geschaffen. Jetzt liegt es an den Betroffenen, daß sie diese Chancen wahrnehmen. Es sollte aber darüber gewacht werden, daß die mit Einsatz erheblicher öffentlicher Mittel geschaffenen Chancen nicht einseitig ausgenutzt werden und durch eine Überrepräsentation bestimmter Gewerbezweige das Erreichte nicht zerstört wird."

Geschäftsstellenleiter Hans-Hermann Hasler von der Kreishandwerkerschaft Hameln-Pyrmont äußerte sich 1984: „Die Zahl der Handwerksbetriebe in der Altstadt hat in den letzten Jahren erheblich abgenommen. Die meisten Inhaber haben aus Altersgründen aufgegeben, weil die Kinder den elterlichen Betrieb nicht weiterführen wollten und vielfach sich auch für andere Berufe entschieden hatten. Die Altstadtsanierung hat bei den Handwerksbetrieben diesen Prozeß beschleunigt. Die Betriebe des Ausbaugewerbes wurden im Rahmen der Sanierung ausgesiedelt und haben am Stadtrand, z. B. beim Multimarkt, erheblich modernere und größere Betriebe erstellt. Für Betriebe mit Ladengeschäft ist es wegen der hohen Mieten sehr schwierig geworden, in der Fußgängerzone neu zu eröffnen, zumal an der Peripherie der Stadt die Konkurrenz der neu erstellten Supermärkte hinzugekommen ist. Von den in der Altstadt ansässigen Handwerksmeistern mit Ladengeschäft (Bäcker, Elektro, Fleischer, Frisöre) konnte man erfahren, daß viele Stammkunden weggeblieben sind, weil in der Nähe der Geschäfte Parkmöglichkeiten nicht ausreichend vorhanden sind. Je nach Lage der Betriebe habe die Laufkundschaft z. T. zugenommen."

Hotelier Ernst-Wilhelm Holländer schrieb 1984 für die Kreisgruppe Hameln-Stadt und Land im Niedersächsischen Hotel- und Gaststättenverband: „Die Hamelner Hotellerie und Gastronomie ist überwiegend positiv zur Altstadtsanierung eingestellt. Sie erkennt zahlreiche Verbesserungen und hört aus dem Munde ihrer Gäste viel Anerkennung für das Geleistete. Die Betriebe werden sicherlich Nutzen gezogen haben aus dem verschönerten Stadtbild mit Fußgängerzone und einladenden Plätzen. Das „Bild der Gastronomie" in der Innenstadt ist aber unausgeglichen und sollte durch Ansiedlung von Spezialbetrieben verbessert werden, z. B. durch eine echte Weinstube im Zentrum. Die verschönerte Altstadt fordert zu allen möglichen Festivitäten geradezu heraus."

Rechtsanwalt Dr. Horst Kock nahm 1984 als Vorsitzender des Haus-, Wohnungs- und Grundeigentümer-Vereins Hameln und Umgebung Stellung: „Die Altstadtsanierung in Verbindung mit den umfangreichen

Modernisierungsmaßnahmen hat nach Erkenntnis unserer Organisation, wie von allen Beteiligten und Betroffenen erwartet, zu einer allgemeinen Aufwertung der Wohn- und Gewerbenutzung im gesamten Altstadtbereich geführt und ein ständig wachsendes Miet- bzw. Kaufinteresse an Wohnungen, Büros und Läden in den sanierten Gebäuden geweckt. Jedoch ist die angestrebte allgemeine Verbesserung der Bevölkerungsstruktur bisher nicht erreicht worden. Durch die Entkernung der Stadtviertel und durch die Erweiterung früherer Wohnungseinheiten kam es zu einem Rückgang der Bevölkerung in der Innenstadt von ca. 4700 Einwohnern im Jahre 1970 auf rund 3000 im Jahre 1980. Dies macht sich weniger in den Tagesstunden, als nach Geschäftsschluß in den Straßen der Altstadt bemerkbar. Die mit der Sanierung, insbesondere nach Fertigstellung der Fußgängerzone und der verkehrsberuhigten Straßenzüge einsetzende Nachfrage nach Verkaufsflächen und Büroräumen in der Altstadt bewirkte zunächst eine allgemeine marktwirtschaftlich zu rechtfertigende Anhebung des bisher vergleichsweise niedrigen Mietzinsniveaus in Hameln. Im Zuge umfangreicher Modernisierungen, Um- und Neubauten wurden zahlreiche Mietverhältnisse über Geschäftsräume gelöst und neue eingegangen. Diese Veränderungen hatten eine Steigerung der Mieten in der Oster- und Bäckerstraße bis zu 200 %, in den übrigen Geschäftsstraßen bis zu 100 % zur Folge. Die währungsmäßig bedingten Mieterhöhungen im übrigen Stadtbereich gingen in diesem Zeitraum über 50 % nicht hinaus. Die sanierungs- bzw. modernisierungsbedingte Umsetzung von etwa 400 Haushalten bereitete, dank der anerkennungswerten Hilfestellung der städtischen Verwaltungsorgane und der rührigen Geschäftsstelle der NEUEN HEIMAT, insgesamt betrachtet weniger Schwierigkeiten als erwartet. Sie führte nur in Einzelfällen zu rechtlich ausgetragenen Auseinandersetzungen. Härtefälle wurden mit besonderer Nachsicht behandelt, doch ließen sich mitunter Problemlösungen nur unter Anwendung gesetzlicher Bestimmungen möglichst unter Ausschluß von Zwangsmaßnahmen erreichen."

Telefonisch war 1984 beim Mieterverein zu erfahren, daß ihm keine Beschwerden über Folgen der Altstadtsanierung bekannt geworden sind. Die „Altstadtvertriebenen" hätten die höheren Mieten in den neuen Wohnungen akzeptiert.

Im Auftrage der Stadt Hameln führte die Prognos AG in Basel im Juli 1983 eine Untersuchung darüber durch, welche Auswirkungen auf die Einzelhandelssituation und die Sanierung der Altstadt durch die Ansiedlung eines großflächigen Einzelhandelsobjektes auf dem Gelände der ehemaligen Hefe- und Spritwerke zu erwarten wären. Zu diesem Zeitpunkt hatte Hameln 58 000 Einwohner, der Landkreis Hameln-Pyrmont insgesamt 158 000 Einwohner. Die Prognos-Untersuchung befaßte sich nicht mit den wirtschaftlichen Folgen der Altstadtsanierung. Interessant sind aber folgende Angaben: „Hameln hat als Einkaufsstadt eine außerordentlich hohe Attraktivität. Rund 84% der Befragten beurteilten Hameln als attraktiv, davon als sehr gut 25,6% und als gut 58,1%. Dabei wird die positive Beurteilung der Einkaufsstadt mit zunehmendem Alter größer. Altstadt und Fußgängerzone finden eine hohe Akzeptanz; ja, lassen in vielen Fällen Stolz der Hamelner Bürger erkennen. Die Altstadt biete eine breite Auswahl, sei jedoch zu stark auf die Warengruppe Bekleidung und Schuhe konzentriert; diese seien via Boutiquen vornehmlich auf jüngere Zielgruppen ausgerichtet. Hertie und Karstadt werden als Bereicherung der Altstadt angesehen.

Auf Wunsch der Stadt Hameln erstattete die Industrie- und Handelskammer Hannover-Hildesheim im November 1981 im Zusammenhang mit der beabsichtigten Ansiedlung eines weiteren Verbrauchermarktes ein Gutachten über die Einzelhandelssituation in Hameln. Dabei wurde für das Jahr 1980 in der Stadt Hameln ein einzelhandelsrelevantes Marktpotential von 400 Mio. DM festgestellt. Diese Größenordnung erklärt sich im wesentlichen aus der über dem Bundesdurchschnitt liegenden Einkommensentwicklung in der Stadt Hameln. Zusätzliche Kaufkrafteinflüsse von außen, und hier in erster Linie aus dem Verflechtungsbereich des Mittelzentrums Hameln, in Höhe von 100 Mio. DM, haben zu einer weiteren Stärkung der Versorgungsfunktion in der Stadt in bezug auf die Versorgung der Bevölkerung mit Gütern des gehobenen und höherwertigen Bedarfs beigetragen.

Altstadtsanierung und Wohnbevölkerung
Als Zeitpunkt des Beginns der Altstadtsanierung mit möglichen Auswirkungen auf die Wohnbevölkerung wird das Jahr 1968 anzusehen sein (Beschlußfassung des Rates über die Planungskonzeption im Dezember 1967). Leider gibt es für dieses Jahr keine statistischen Vergleichszahlen, an denen der Ausländeranteil an der Wohnbevölkerung abzulesen ist. Die nächsten auswertbaren Daten stehen für das Jahr 1970 mit der Volkszählung 1970 zur Verfügung. Die letzte Eigenauswertung der Hamelner Daten ist anhand der Einwohnermeldekartei zum Stichtag 12. August 1987 vorgenommen worden. Sie wurde 1988 mit dem aktuellen Stand ergänzt.

Entwicklung der Wohnbevölkerung in der Altstadt 1962/12. August 1987

Jahr	Einwohner gesamt	dav. Ausländer absolut	in v. H. der Ew.
1962	6020		
1965	5380		
1970	4670	634	13,5
1976	3691	1015	27,5
1979	3104	875	28,2
1982	2773	728	26,3
30.1.1985	2555	534	20,9

Nach Erhebungen der Stadtverwaltung vom 12. August 1987 gab es in der Altstadt 2574 Einwohner; davon waren 2036 Deutsche (= 79,1%) und 538 Ausländer (= 20,9%).

Die Wohnbevölkerung in Hameln ist von 1983 mit 63106 auf 1984 mit 62204 (Ausländeranteil 3,403%), auf 1985 mit 61925 (Ausländeranteil 3,321%), auf 1986 mit 61395 (Ausländeranteil 3,246%) bis auf 60981 im Jahre 1987 zurückgegangen.

Der Ausländeranteil steht in erkennbarem Zusammenhang mit der ab 1976 einsetzenden privaten Modernisierungsförderung, konzentriert auf Erhaltung und Verbesserung von Wohnraum in der Altstadt. Besonders ausländische Mieter haben von Angeboten preisgünstigen Wohnraums außerhalb der Altstadt Gebrauch gemacht.

Rückblick und Ausblick

Auch in den Jahrzehnten zwischen den beiden Weltkriegen und ab 1945 hat es in Hameln Sanierung von öffentlichen Gebäuden gegeben. Hierbei sollte insbesondere des Hamelner Stadtbaurates Albert Schäfer gedacht werden. Er war 1886 in Geißlingen an der Steige geboren und trat im Januar 1922 in die Dienste der Stadt Hameln. Es gibt wenige Menschen, die so nachhaltig – und dabei so selbstlos und unaufdringlich – auf die Geschicke der Stadt eingewirkt haben. Man kann geradezu eine Epoche der Bautätigkeit nach ihm benennen, wie dies anläßlich seines 75. Geburtstages in der Deister- und Weserzeitung zu lesen war. Der größte Teil seiner Amtszeit fiel in die Spanne zwischen den beiden Weltkriegen. Es war im Vergleich zu heute eine Zeit ruhiger, stetiger Bauentwicklung, in der man das Alte zu bewahren suchte und dem Neuen mit Bedacht den Weg ebnen konnte, wie das dem normalen und berechenbaren Wachstum einer Bevölkerung entsprach. Entsprechend dem bescheidenen finanziellen Spielraum hat Albert Schäfer niemals mit eigenen Ideen und originellen Neubauten experimentiert. Aus seiner über dreißigjährigen Hamelner Amtszeit zeugen für ihn weniger Neubauten, als vielmehr geradezu geniale und zielsichere Umbauten.
Eine seiner ersten Aufgaben war der Ausbau des Feuerwehrhauses am Ostertorwall. Aus einem alten Adelshof schuf er einen hohen Giebelbau, der sich so vorzüglich in die Umgebung eingliederte, als ob er immer dort gestanden hätte. Im Jahre 1930 ging Albert Schäfer an den Umbau des 300 Jahre alten Hochzeitshauses. Schäfer überzeugte Bürgervorsteher und Magistrat von der Notwendigkeit einer völligen Ausräumung des Inneren, so daß ein modernes Verwaltungsgebäude entstehen konnte. Seine dritte Tat war der Umbau der lange zweckentfremdeten Garnisonkirche. Der Umbau gedieh unter seinen Händen zu einem architektonischen Gleichklang, der auch nach den oben beschriebenen weiteren Umbauten der beiden Gebäude zur Stadtsparkasse erhalten blieb.
Am 6. April 1945 wurden das Rathaus und der zwischen ihm und dem Hochzeitshaus stehende Bäckerscharren durch Artilleriebeschuß vom Klüt her erheblich zerstört. Das Hochzeitshaus im Stil der Weserrenais-

sance und das ursprünglich gotische Rathaus hatten einen berühmten Gebäudekomplex gebildet. Die ausgebrannte Marktkirche erhielt 1950 zunächst eine Notkirche in die Ruinen eingebaut. Sie konnte erst 1959 nach dem Wiederaufbau neu geweiht werden. Das alte Rathaus wurde nicht wiederaufgebaut, und an seine Stelle kam eine Terrasse, auf der im Sommer das Rattenfängerspiel aufgeführt wird. Mit dem Rathaus war auch die dort 1934 angebrachte Rattenfänger-Kunstuhr zugrunde gegangen. Ein neues Figuren- und Glockenspiel wurde 1964 an dem nun freistehenden westlichen Giebel des Hochzeitshauses angebracht und am 12. April 1985 zur Generalüberholung abmontiert als Auftakt zu neuen Sanierungs- und Umbaumaßnahmen am Hochzeitshaus.

Das Hochzeitshaus wurde in den Jahren 1610 bis 1617 als massives Steingebäude im Stil der Weserrenaissance geschaffen. Die Renaissancefassaden an den meisten Hamelner Patrizierhäusern wurden um 1600 vor eine Fachwerkfassade vorgebaut. Das „Neue Gebäude", wie man das Hochzeitshaus nach seiner Entstehung nannte, enthielt Apotheke und Weinschänke im Erdgeschoß, einen riesigen Festsaal mit farbigen Fenstern im ersten Stock (daher der spätere Name „Hochzeitshaus") und eine Rüstkammer für das städtische Wehrwesen im dritten Stock.

Im Erdgeschoß war von 1887 bis 1921 die Stadtsparkasse untergebracht. Beim Umbau des Hochzeitshauses von 1930 bis 1931 zu einem Behördenhaus wurde der Innenbau neu gestaltet unter Verwendung alter Schmuckteile aus abgerissenen Bauwerken und neu geschaffenen Kunstwerken, die auf Treppen, Fluren, Sitzungszimmern und in einen neu geschaffenen Erker auf der Nordseite zum Lütjen Markt zwischen Hochzeitshaus und Marktkirche angebracht sind. Die Fenster wurden vergrößert, weiter nach auswärts verlegt und weiß gestrichen.

Als die städtischen Behörden 1971 in das freigewordene Hochhaus des Beamtenheimstättenwerkes am Sedanplatz (heute: Rathausplatz) umziehen konnten, wurden im Erdgeschoß des Hochzeitshauses die Städtische Bücherei, im zweiten Geschoß das Standesamt und im dritten Geschoß das Stadtarchiv untergebracht.

Dipl.-Ing. Werner Wünschmann war nach dem Kriege Leiter des Planungsamtes und des Hochbauamtes bei der Hamelner Stadtverwaltung. Die Stadt verdankt diesem Architekten die Schule am Langen Wall und weitere Schulen, die Weserbergland-Festhalle, das Rathaus (früheres BHW-Verwaltungsgebäude) und den Ausbau des Stadtkrankenhauses an der Weser. Am 29. April 1950 wurden der Schulneubau am Langen Wall und der Ausbau des Stadtkrankenhauses ihrer Bestimmung übergeben. Am 2. November 1951 fand der erste Spatenstich für die „Festhalle" statt, und am 1. Januar 1953 war der Bau vollendet. Über 800 Ehrengäste wurden zur Weihe des Hauses eingeladen, an ihrer Spitze die Regierungspräsidentin Frau Bähnisch. Die Festansprache hielt Intendant Heinz Hilpert vom Deutschen Theater in Göttingen.

Am Rathausplatz gegenüber dem damaligen BHW-Gebäude wurde am 26. Oktober 1957 das neue Kunstkreis-Studio eingeweiht, entworfen von Professor Oesterlen, Hannover. Der „Kunstkreis", Gesellschaft zur Förderung der bildenden Künste e.V., wurde am 11. Dezember 1948 in Hameln gegründet. Die Leistungen des „Kunstkreises" und die Entstehung des Kunstkreis-Studios sind der persönlichen Initiative und Begeisterungsfähigkeit des Ehepaares Dr. Rolf Flemes und seiner Frau Charlotte und einiger weniger Helfer und Mitarbeiter zu verdanken.

Hameln ist im letzten Kriege nur unwesentlich zerstört worden. Bei Kampfhandlungen in früheren Jahrhunderten hat sich die Stadt immer „rechtzeitig" ergeben. „Die Festung Hameln", erbaut bis 1785, genannt das „Gibraltar des Nordens" wurde von den Truppen Napoleons kampflos erobert. Nachdem der Imperator Kurhannover besetzt hatte, wurden die Festungsanlagen 1808 auf seine Anordnung friedlich „geschleift". Auf dem ehemaligen Festungsgelände unmittelbar östlich der Weser und südlich der Brücke wurde 1827 vom Königreich Hannover ein Gefängnis erbaut, das ab 1885 ein Zuchthaus war. Bürgermeister Domeier hat das übrige Gelände des früheren Festungsgürtels im Jahre 1850 von der königlichen Militärverwaltung in Hannover für die Stadt Hameln erworben. Die wachsende Stadt konnte sich danach in diesem Bereich ausdehnen. Das Zuchthaus an der Weser, am schönsten Platz der Stadt, war bis vor wenigen Jahren ein Schandfleck und ständiges Ärgernis. Viele Hamelner Bürger, an der Spitze Amtsgerichtsrat Dr. Ernst Müller-Bühren, forderten: „Das Zuchthaus muß weg!"

Im Juli 1980 hat die Stadt Hameln das Grundstück der ehemaligen Justizvollzugsanstalt (Jugendgefängnis) vom Land Niedersachsen gekauft. Die Jugendvollzugsanstalt (später Jugendanstalt genannt) war bereits in einen großzügigen Neubau in der Tündernschen Feldmark umgezogen. Die Stadt mußte sich verpflichten, das unter Denkmalschutz stehende alte Karrengefängnis zu erhalten. Kurz nach dem Ankauf wurden die übrigen bereits leerstehenden Gebäude abgerissen.

Kreistag und Kreisverwaltung planten 1984/85 mit dem Umbau des alten Karrengefängnisses und drei- bis viergeschossigen Neubauten am Mühlenwall ein neues Kreishaus mit einer Hauptnutzfläche von 6722 qm. Damit wäre ein Durchblick auf den Klüt vom Ostertorwall her nahezu unmöglich gewesen. Zahlreiche Bürger protestierten gegen die Planungen der Kreisverwaltung. Die Deister- und Weserzeitung ließ durch das renommierte Bielefelder Meinungs- und Sozialforschungsinstitut Emnid eine repräsentative Umfrage mit dem Ergebnis durchführen, daß eine klare Mehrheit der Hamelner Bürger gegen ein Kreishaus auf dem Stockhof war. In der öffentlichen Sitzung des Rates der Stadt Hameln am 19. Dezember 1985 wurden nach einer von Dr. Walter-Dieter Kock als Ratsmitglied abgegebenen Empfehlung die Pläne der Verwaltung für ein Kreishaus auf dem Zuchthausgelände ausgesetzt.

Seit April 1988 sucht die Stadtverwaltung einen Investor für den Bau eines Hotels im Bereich des alten Karrengefängnisses. Ein solches Hotel mit mindestens 150 Betten wird in Hameln dringend benötigt. Man ist sich in Rat und Verwaltung bewußt, daß eine weitere Nutzung und ein Ausbau der jetzt schon verkommenen Bausubstanz des Karrengefängnisses zu einem Hotel technisch fast unmöglich und wirtschaftlich mit einem hohen Risiko belastet ist. Wenn die Stadtverwaltung keinen Interessenten für ein solches Vorhaben findet, will sie sich bemühen, die Auflage des Denkmalschutzes zu beseitigen. Bereits am 30. November 1976 antwortete der Niedersächsische Minister für Verkehr und Wirtschaft dem Hamelner Landrat und Landtagsabgeordneten Fritz Saacke (CDU): „Die Landesregierung ist mit Ihnen der Auffassung, daß eine Entscheidung über Abriß oder Erhaltung des Gebäudes auch von den künftigen wirtschaftlichen Nutzungsmöglichkeiten abhängig gemacht und die Vorstellungen der Stadt Hameln angemessen einbezogen werden sollten." – Leider ist diese Auffassung des Niedersächsischen Ministers für Verkehr und Wirtschaft vertraglich nicht berücksichtigt worden, als die Stadt Hameln im Juli 1980 das ehemalige Zuchthausgelände vom Lande Niedersachsen gekauft hat.

Professor Dr. Klaus Wittkau:
Bürgernähe beim lokalen Regieren und städtebaulichen Planen heute – Möglichkeiten und Grenzen

In diesem Buch ist von konkreten Interessenverfilzungen im Zusammenhang mit Stadterneuerungsprojekten die Rede und davon, wie gelegentlich der sogenannte Bürgerwille sie durchbricht. Dr. Hermann Kater hat mit einigen wenigen Gleichgesinnten diesen Bürgerwillen vertreten. Wir sollten sein Engagement im Nonkonformismus wertschätzen und würdigen. Gegen einen Strom zu schwimmen ist stets schwierig, in der Politik wie in der Wissenschaft. Es kostet Unabhängigkeit und Mut.
Verdienstvoll finde ich es auch, daß Hermann Kater diese seine Erfahrungen aus einem turbulenten Abschnitt der Hamelner Kommunalpolitik öffentlich kundtut. Seine kontroversen Berichte heben sich lebendig von der Schönfärberei und Harmonisierung mancher offiziellen Sanierungsberichterstattung ab. Katers Berichten werden u. a. auch Architekturstudenten etwas entnehmen können: Es ist nicht damit getan, für Bauvorhaben gegebene Programme zu übernehmen und diese in möglichst stimmige Bau- und Freiraumgestalten zu überführen. Städtebau entsteht vielmehr in wichtigen Teilen gerade im Hin und Her der Programmgewinnung und der Standortfindung, oft sogar der Standortfreihaltung.
Darf aber der Aufstand gegen Mißachtungen des Bürgerwillens allein eine Sache von Personen sein, die im gegebenen Fall den Mut aufbringen, sich quer zu legen? Geben die Vorgänge in Hameln nicht vielmehr auch Anlaß, mehr über Bürgerwillen nicht personengebunden nachzudenken, m. a. W. über institutionelle Vorkehrungen, die solche Aufstauungen gegen ein Establishment womöglich gar nicht erst entstehen lassen? Wie läßt sich per Institution dem besser Raum geben, was die Bürger wirklich wollen?[1]
Nicht vordergründig, sondern wohlüberlegt und mehrheitlich wollen.

---

[1] Da das Verwaltungsrecht mehr länderspezifische Verschiedenheiten als bundeseinheitliche Gemeinsamkeiten aufweist, beziehe ich mich hier auf niedersächsische Entwicklungen. Vgl. dazu Faber, H., Schneider, H. P. (1985): Niedersächsisches Staats- und Verwaltungsrecht. Frankfurt a. M., Kap. 7 Kommunalrecht von H. Faber, S. 225–77.

Eine Anzahl solcher institutioneller Vorkehrungen sind inzwischen, sagen wir seit 1975, in Niedersachsen getroffen worden.

Es gibt – seit 1977 – den Bürgerantrag (§ 22a NGO). Einen zulässigen Antrag, der an ein Quorum von Einwohnerunterschriften gebunden ist, muß der Gemeinderat innerhalb von drei Monaten beraten. Mit ihm kann eine Beratung von Gegenständen erzwungen werden, die der Rat sonst nicht aufnehmen würde.[2]

Es gibt – seit 1980 – den Stadtbezirksrat – den Ortsrat gab es schon seit 1971 – (§ 55 – 55i NGO). Beide sind jetzt mit ausdrücklichen Befugnissen und Anhörungsrechten im Gemeinderat ausgestattet. Mit ihm wurde eine Möglichkeit zu ortsnäherer Willensbildung eröffnet. Der Bezirks-/Ortsrat kann insbesondere einem Bebauungsplanvorhaben der Verwaltung förmlich widersprechen.[3]

Es gibt – seit 1980 – eine Änderung der Befangenheitsregelung (§§ 26, 35, 35a NGO; § 21 NLO). Mit ihr wurde eine sogenannte Überkreuzvertretung der Gemeinde und des Landkreises durch kommunale Bedienstete verhindert.[4]

So gesehen steht es institutionell jetzt ein gutes Stück besser als Ende der 60er und Anfang der 70er Jahre, als es in der Hamelner Altstadtsanierung galt, erhaltende Erneuerung durchzusetzen. Soweit zu einigen Vorkehrungen, mit denen der Bürger sich Gehör erzwingen kann gegen eine Verwaltung, die nicht gutwillig ist und mit denen er besser geschützt wird vor sich selbst kontrollierenden Kontrolleuren.

Es gibt nun aber auch eine ganze Reihe Möglichkeiten für den Rat und für die Verwaltung, sich bereits im Vorfeld von anstehenden Entscheidungen mit dem Bürger zu beraten und zu arrangieren. Auf die vorgezogene Bürgerbeteiligung nach dem § 2a BBauG (jetzt § 3 BauGB) möchte ich nicht eingehen. Auch nicht auf zahlreiche Modelle hierzu, die sie auswerten und die in den 70er Jahren ihre Blütezeit hatten.

Für wichtig und verfolgenswert halte ich alle diejenigen Vorstellungen, die danach trachten, die Ortskenntnis der Bürger und deren Kenntnis besonderer Umstände mit dem Wissen von Bau- und Verwaltungsfachleuten zusammenzubringen und zusammenzuspannen. Der Bürger darf nicht allein gelassen werden.

Auch in dieser Hinsicht ist zunächst die Tätigkeit des Stadtbezirksrats und – soweit er hinreichend qualifizierte Vertreter hat – auch des Ortsrates zu

---

[2] ibid. S. 251, 277.
[3] ibid. S. 250/51, 260, 275, 277.
[4] ibid. S. 251, 277.

nennen. Von ihm werden häufig Eingaben von Bürgern entgegengenommen und fachlich aufbereitet (z. B. durch Verwaltungsfachleute, durch Bau- und durch Verkehrsfachleute). Stadtbezirks- und Ortsrat verstehen sich als Katalysator zwischen dem einzelnen Bürger und dem Stadtrat. Sie transportieren die Kenntnis besonderer Umstände und Wünsche von „ganz unten" nach einem „oben", das sich in größeren Städten allzuweit von dem einzelnen Bürger und dessen Nöten entfernt hat.[5]

Sodann gibt es den in Hannover praktizierten sog. Kollegialkreis.[6] Was hindert es die Stadt Hameln oder den Landkreis, unabhängige Fachleute und urteilsfähige Bürger zusammenzurufen, um wichtige anstehende Projekte kleineren und größeren Ausmaßes von Fall zu Fall vorab zu erörtern? Vielleicht in der Form einer Stammtischrunde.

Es sollte aber auch mehr förmliche Beiräte geben, die eine zu treffende größere Einzelentscheidung vorbereiten und die dann auch deren Ausführung begleiten. Bei der Ausführung der Fußgängerzone in Wunstorf z. B. hat sich diese Konstruktion gut bewährt. Dort haben Vertreter der Verwaltung, der Parteien, der Geschäftsleute und des Heimatvereins mit den Architekten zusammengewirkt. Allerdings muß der Berufungsmodus für solche Gremien fair gehandhabt werden.

Heute kommt es m. E. darauf an, glaubhaft zu zeigen, daß die Politik nicht eine Beute der Parteien geworden ist. Der um sich greifende Gedanke, Politik auf das zu reduzieren, was die Parteien tun, ist auf Dauer für den Fortbestand der Demokratie gefährlich.

Sicher hat die Bürgerbeteiligungsbewegung nicht alles gehalten, was man seit Anfang der 70er Jahre von ihr erhofft hat. Es gibt eine Anzahl benennbarer Nachteile, die „reine" Bürgerinitiativen haben und an denen man nicht vorbeisehen kann: Einseitige Interessenartikulation, defensiv reaktive Zielsetzung, Unbeständigkeit der Beteiligungsbereitschaft, geringe Informations- und Entscheidungskapazität, geringe Verhandlungsfähigkeit auf Grund eines geringen Organisationsgrades.[7]

Diese Mängel sprechen, wie ich es sehe, gegen „reine" Bürgerinitiativen. In dem Maße, in dem es gelingt, Bürgergruppen professionelle Elemente zuzuführen, werden sich die Mängel vermindern lassen.

---

[5] Städten unter 200 000 E. ist es nach der NGO freigestellt, sich in förmliche Ortschaften zu untergliedern. Die Stadt Hameln z. B. hat 9 Ortschaften mit Ortsräten gebildet.

[6] Nieders. Minister f. Wirtschaft (1981): Gestaltung öffentlicher Bauten. Runderlaß, Hannover.

[7] David, C.-H., Korte, H., Schatz, H. (1978): Alternative Planung, Gutachten im Auftrage des Bundes Deutscher Architekten. Bonn, S. 13.

Grundsätzlich bleiben Stadtentwicklung im allgemeinen und Wohnungsbau oder -neubau im besonderen m. E. geeignete Felder für Bürgerbeteiligung. In den Fragen der Pflege der engeren räumlichen Umwelt kann der Bürger auf unmittelbare Erfahrungen und auf Kenntnisse besonderer Umstände zurückgreifen. Von daher hat er dort Urteilskompetenz. In manchen anderen Bereichen hat er sie übrigens nicht.

Allerdings gibt es empfindliche Bereiche, auch in dem grundsätzlich geeigneten Feld der Stadtentwicklungspolitik, in denen der intelligente Laie seine Grenzen findet und denen er mit einem praktischen Urteil nicht gerecht zu werden vermag. Die Fragen des Architekturstiles gehören heute dazu. Gegenwärtig sind in der Architektur neue Entwicklungen auf dem Wege, die den alten Funktionalismus im Bauen ablösen.

Aber auch in den anderen Fällen von Investitionsvorhaben, in denen die Architektur keine so dominierende Rolle spielt wie z. B. bei Standortsuchen und Standortbeurteilungen für die Ansiedlung von regulären, architektonisch nicht problematischen Infrastrukturanlagen, kann es nicht allein darum gehen, Entscheidungen zu demokratisieren. Außer entbürokratisiert müssen auch sie professionalisiert werden.

Das Bemühen um Konstruktionen zur „Entscheidungsfindung in erweitertem Kreise" steckt noch weithin in den Kinderschuhen. Dabei ist gerade die Kommunalpolitik dafür das geeignete Feld.

Unter verschiedenen Blickwinkeln läßt sich für eine – fachlich gestützte – Bürgerbeteiligung argumentieren. J. St. Mill nennt „local government" die – staatspolitische – „Schule der Nation".[8] F. A. v. Hayeck – auf der Linie des altliberalen Strebens nach Machtdezentralisation – sagt, die lokale politische Entscheidung sei das nächstbeste nach individualer, privater Entscheidung.[9] W. Röpke, der in seine Staatslehre das Subsidiaritätsprinzip der katholischen Sozialehre übernimmt, sagt, die nächsthöhere Staatsebene solle immer nur dasjenige an Aufgaben an sich ziehen, was die darunterliegende nicht mehr imstande ist zu tun.[10] Alle drei Autoren unterstellen das Erfordernis, der kommunalen Ebene ein gehöriges Maß an Eigenentscheidungen zu überlassen oder ggf. erneut zu

---

[8] Mill, J. St. (1861): On Representative Goverment, Chapter XV Of Local Reprensative Bodies, first published in Everyman's Library 1910, last reprinted 1962.
[9] v. Hayeck, F. A. (1971): Die Verfassung der Freiheit. S. 335, Tübingen. Zuerst in Englisch 1961.
[10] Röpke, W. (1949): Civitas humana. Erlenbach Zürich, 3. Aufl., S. 179f.

übertragen.[11] Ihr Eintreten für einen Fundus substantieller Eigenentscheidungen auf kommunaler Ebene erfolgt auch, weil alle darin einig sind, daß der Staat für die Entfaltung der Fähigkeiten seiner Bürger nicht nur Raum zu lassen, sondern auch Gelegenheiten zu schaffen habe.
Zwei Konsequenzen möchte ich für die heutige Situation aus diesen liberalen politischen Philosophien ziehen. Sie haben zum großen Teil in unsere demokratischen Grundwerte Eingang gefunden und leiten meine Betrachtungen. Namentlich der letzten, der Röpkeschen Staatsmaxime lassen sie sich entnehmen:
Der gegenwärtige, seit Ende der siebziger Jahre erfreulicherweise wieder vermehrte Aufgabenbestand lokaler politischer Instanzen sollte weiter ausgebaut werden. Die dort entstehende Aufgabenvermehrung darf jedoch die Staatsquote nicht erneut wieder erhöhen. Nur zum Teil braucht sie sie zu verlagern. M. E. vermag eine öffentlich zu bewirkende Professionalisierung der Bürgerbeteiligung sie sogar praktisch zu senken, ohne daß dabei wichtige öffentliche Aufgaben aus der kommunalen und damit staatlichen Hoheit entlassen werden. Drängt nicht auch die langfristig zunehmende Freizeit für breite Bevölkerungskreise nach einer sinnvollen Füllung?

---

[11] In Niedersachsen haben in den 70er Jahren die Gemeinde-, die Landkreis- und die Regierungsbezirksreform stattgefunden. Damit liegen dort, wie in anderen Bundesländern, jetzt Einheiten mit vergrößerter Verwaltungskraft vor. Daraufhin wurde 1978 die Aufgabe „Regionalplanung" von den Regierungsbezirken an die Landkreise übertragen und zugleich die Spielräume für die Ortsplanung bei den Gemeinden erweitert. Beides sind Übertragungen „nach unten".

Anhang

1. Liste der Oberbürgermeister der Stadt Hameln

Heinrich Löffler	7.11.1946–27.10.1949
Karl Schütze	28.10.1949–28.10.1951
Heinrich Löffler	29.10.1951– 1.12.1952
Karl Schütze	2.12.1952– 3.12.1953
Dr. Heinrich Janssen	4.12.1953– 3.12.1958
Robert Denzler	4.12.1958– 2. 3.1959
Helmut Greulich	23. 3.1959–12. 4.1961
Dr. Friedrich Sander	13. 4.1961–25.10.1964
Friedel Leunig*	26.10.1964–23. 3.1973
Dr. Walter Dieter Kock*	ab 24.4.1973

2. Parteien bei den Kommunalwahlen

Sozialdemokratische Partei Deutschlands (SPD)
Niedersächsische Landespartei
Christlich-Demokratische Union (CDU)
Freie Demokratische Partei (F.D.P.)
Kommunistische Partei Deutschlands (KPD)
Deutsche Partei (DP)
Block der Heimatvertriebenen und Entrechteten (BHE)
ab 1956: Gesamtdeutscher Block (BHE)
Deutsche Reichspartei (DRP)
Deutsche Hannoversche Partei (DHP)
Wählergemeinschaften (1964–1986)
Nationaldemokratische Partei Deutschlands (NPD)
Die Grünen

---

* vom 1.1.1973–31.7.1977 = Bürgermeister

3. Das Bundesministerium für Raumordnung, Bauwesen und Städtebau

In der ersten Wahlperiode des Deutschen Bundestages von 1949 bis 1953 gab es ein „Bundesministerium für Wiederaufbau", das ab 1950 bis zum Ende der dritten Wahlperiode 1961 „Bundesministerium für Wohnungsbau" hieß. In der vierten Wahlperiode von 1961 bis 1965 hieß es „Bundesministerium für Wohnungswesen, Städtebau und Raumordnung" und in der fünften und sechsten Wahlperiode von 1965 bis 1972 „Bundesministerium für Wohnungswesen und Städtebau".
Dr. jur. Lauritz Lauritzen (SPD) war vom 1. Dezember 1966 bis zum Ende der sechsten Wahlperiode 1972 Bundesbauminister und Dr. jur. Louis Storck ab 1969 beamteter Staatssekretär.

Seit Beginn der siebten Wahlperiode 1972 bis heute gilt die Bezeichnung „Bundesministerium für Raumordnung, Bauwesen und Städtebau". Seit Beginn der siebten Wahlperiode 1972 bis 15. Mai 1974 war Dr. jur. Hans-Jochen Vogel (SPD) Bundesbauminister und Dr. jur. Louis Storck bis zum 15. Januar 1973 sein beamteter Staatssekretär, der dann von Hubert Abreß abgelöst wurde.

Vom 16. 5. 1974 bis 16. 2. 1978 war Karl Ravens (SPD) Bundesbauminister und ab 16. 2. 1978 bis 4. 10. 1982 Dr. jur. Dieter Haack (SPD).
Seit 4. 10. 1982 ist Dr. jur. Oscar Schneider (CSU) Bundesminister für Raumordnung, Bauwesen und Städtebau.

4. Niedersächsische Landesminister für Wohnungs- und Städtebau

23. 11. 1948 Minister für Aufbau und Arbeit Dr. Hans-Christoph Seebohm (NLP/DP)
 9. 6. 1948 Minister für Arbeit, Aufbau und Gesundheit: Alfred Kubel (SPD)
13. 6. 1951 Sozialminister Heinrich Albertz (SPD)
26. 5. 1955 Minister für Aufbau Dr. Konrad Mälzig (FDP)
19. 11. 1957 Sozialminister Dr. Georg Diederichs (SPD)
29. 12. 1961 Sozialminister Kurt Partzsch (SPD)
10. 07. 1974 Sozialminister Helmut Greulich (SPD)
13. 2. 1976 Sozialminister Hermann Schnipkoweit (CDU)

5. Bebauungspläne im Rahmen der Altstadtsanierung
(Karte hierzu auf S. 9)

Nr. 401 bis 404*:	Satzungsbeschluß am 15. März 1968. Rechtsverbindlich ab 29. März 1968.
Nr. 401:	Aufgehoben am 28. August 1974. Rechtsverbindlich ab 22. Oktober 1975.
Nr. 401 A:	Satzungsbeschluß zur 1. Änderung am 9. Juni 1976. Rechtsverbindlich ab 8. September 1976.
Nr. 401 A:	Satzungsbeschluß zur 2. Änderung am 15. November 1977. Rechtsverbindlich ab 12. Juli 1978.
Nr. 401 A:	Satzungsbeschluß zur Aufhebung der 1. und 2. Änderung am 15. Dezember 1981. Rechtsverbindlich ab 4. August 1982.
Nr. 401 B:	Satzungsbeschluß am 24. März 1982. Rechtsverbindlich ab 4. August 1982.
Nr. 402 A:	Satzungsbeschluß am 25. Juni 1974, zugleich Aufhebung von Nr. 402. Rechtsverbindlich ab 30. Juni 1976.
Nr. 403 A:	Satzungsbeschluß am 25. Februar 1976, zugleich teilweise Aufhebung von Nr. 403. Rechtsverbindlich ab 25. August 1976.
Nr. 403 B:	Satzungsbeschluß am 13. September 1978, zugleich teilweise Aufhebung von Nr. 403. Rechtsverbindlich ab 7. Februar 1979.
Nr. 403 B:	Satzungsbeschluß zur 1. Änderung am 29. Februar 1984. Rechtsverbindlich ab 13. Juni 1984.
Nr. 404:	Satzungsbeschluß am 20. März 1974 mit teilweiser Aufhebung für Kaufhaus-/Parkhausbereich, etwa im Bereich des späteren Planes Nr. 404 B und teilweise Nr. 412. Rechtsverbindlich ab 19. Juni 1974.

* Von den vier Bebauungsplänen aus dem Jahre 1968 besteht nur noch der Plan für einen Teilbereich von Nr. 404 (Bezeichnung: 404 C). Überarbeitung/Neuaufstellung im Zusammenhang mit Kreishauserweiterung steht noch an.

Nr. 404 A:	Satzungsbeschluß am 25. Juni 1974. Rechtsverbindlich ab 23. Dezember 1974.
Nr. 404 B:	Satzungsbeschluß am 20. April 1977. Rechtsverbindlich ab 29. Juni 1977.
Nr. 405 C:	Satzungsbeschluß Teil 1 am 29. April 1981. Rechtsverbindlich ab 2. September 1981.
Nr. 405 C:	Satzungsbeschluß Teil 2 vom 7. Oktober 1981. Rechtsverbindlich ab 12. Mai 1982.
Nr. 406 B:	Satzungsbeschluß am 24. Februar 1982. Rechtsverbindlich ab 7. Juli 1982.
Nr. 407 (Kleine Straße):	Satzungsbeschluß am 26. November 1975. Rechtsverbindlich ab 16. Juni 1976.
Nr. 408:	Satzungsbeschluß am 15. Januar 1975. Rechtsverbindlich ab 30. Juni 1976.
Nr. 409 A:	Satzungsbeschluß am 13. September 1978. Rechtsverbindlich ab 7. Februar 1979.
Nr. 409 B:	Satzungsbeschluß am 11. August 1982. Rechtsverbindlich ab 17. Dezember 1982.
Nr. 410:	Satzungsbeschluß am 7. Oktober 1981. Rechtsverbindlich ab 12. Mai 1982.
Nr. 411:	Satzungsbeschluß voraussichtlich 1989.
Nr. 412:	Satzungsbeschluß am 18. Mai 1988.
Nr. 413:	Satzungsbeschluß am 28. August 1974. Rechtsverbindlich ab 22. Oktober 1975.
Nr. 415:	Satzungsbeschluß am 18. Mai 1988.
Nr. 416:	Satzungsbeschluß am 20. April 1988.
Nr. 419:	Satzungsbeschluß am 29. Mai 1985. Rechtsverbindlich ab 2. Oktober 1985.
Nr. 420:	Satzungsbeschluß am 26. November 1975. Rechtsverbindlich ab 7. März 1976.
Nr. 421:	Satzungsbeschluß am 29. Mai 1985. Rechtsverbindlich ab 2. Oktober 1985.
Nr. 422:	Satzungsbeschluß für 1989 vorgesehen.

Literaturhinweise

Bahrdt, Hans-Paul: Humaner Städtebau/Überlegungen zur Wohnungspolitik und Stadtplanung für eine nahe Zukunft. München: Nymphenburger Verlagshandlung, 1973.
Bias, Helge: Luftbild Hameln. Hameln und Umgebung von oben. Mit einer Einleitung von Heinzfriedrich Müller. Bildtexte von Martin Oesch. Hameln: Verlag CW Niemeyer, 1983.
Börsch, Manfred: Geschichte der Garnisonkirche und des Heiliggeist-Spitals zu Hameln 1712–1929. Hameln, 1985. (Hrsg. Stadtsparkasse).
Bondt, Wilfried und Roosch, Heinz: Sanieren – aber wie? GEWOS-Schriftenreihe, Folge 6.
Borst, Otto: „Bericht über die zwanzigjährige Entwicklung und Wirksamkeit der Arbeitsgemeinschaft ‚Die Alte Stadt i. V.". in: Die Alte Stadt 2 (1980).
Breitling, Peter: Historische Städte – Städte für morgen. Deutsche Unesco-Kommission, 1975.
Bundesbaugesetzbuch, gültig ab 1. Juli 1987.
Bundesminister für Raumordnung, Bauwesen und Städtebau:
„Modellvorhaben Hameln. Projektbegleitende Untersuchungen", Heft 011, 1978.
„Dokumentation Städtebauförderung. 10 Jahre Städtebauförderungsgesetz", Heft 02.027.
„Die Rolle des Verkehrs in Stadtplanung, Stadtentwicklung und städtischer Umwelt", zusammengestellt von Prof. Dr. Ing. Hans-Georg Retzko, Technische Hochschule Darmstadt. Heft 03.023, 1974.
„Bundes-Förderungsprogramme. Studien- und Modellvorhaben. Versuchs-, Vergleichs- und Demonstrativmaßnahmen." Heft 053, 1976.
Deister- und Weserzeitung: Publikationen aus den Jahren 1922–1989.
Deutscher Städtetag: „Die Stadt muß leben, wenn ihr leben wollt", Schrift des Deutschen Städtetages über seine erste Hauptversammlung. Düsseldorf, 1962.
Deutsches Nationalkomitee für das Europäische Denkmalschutzjahr 1975: „Bamberg, Lübeck, Regensburg, 3 Beispielstädte", Bertelsmann Fachzeitschriften GmbH, Berlin 1975.

Dülfer, Hans-Henning und Hartung, Heinz: „Altstadtsanierung Hannoversch-Münden", in: Die Alte Stadt 1 (1984).
Eisfeld, Dieter: Große Stadt, was nun? Über die Notwendigkeit einer Stadtphilosophie. Stuttgart: Deutsche Verlags-Anstalt, 1978.
Feige, Rudolf; Oppermann, Moritz; Lübbers, Hermann: „Heimatchronik der Stadt Hameln und des Landkreises Hameln-Pyrmont", in: Archiv Deutsche Heimatpflege. Köln 1961.
Fischer, Klaus: „Analyse und Bewertung von Bebauungsplänen", in: Bauamt und Gemeindebau 10 (1968).
Gehrmann, Werner: Städtebauförderungsgesetz/Einführung und Kommentar. Bertelsmann Fachverlag, 1971.
Gesellschaft für Wohnungs- und Siedlungswesen GEWOS: Gutachten über die Erneuerung von Hameln an der Weser. Von Bund und Land als Studien- und Modellvorhaben anerkannt. Hamburg, 1967.
GEWOS: Neuordnung der Altstadt von Hameln. (Befragung der Bewohner/Grundeigentümer). 1970/71.
Hameln damals. Die Rattenfängerstadt um die Jahrhundertwende. Hameln: Verlag CW Niemeyer, 1981.
Hansen, Wilhelm und Kreft, Herbert: Fachwerk im Weserraum. Hameln: Verlag CW Niemeyer, 1980.
Heisenberg, Werner und Mitscherlich, Alexander: Die Evolution ist kein Betriebsunfall. / Neue Städte – Utopie oder Wirklichkeit? Zürich: Verlag der Arche, 1972.
Humburg, Norbert: Hameln – Bilder zur Erinnerung 1920–1970. Vorwort von Günther Niemeyer und Günther Niemeyer jun. Hameln: Verlag CW Niemeyer, 1983.
Janssen, Jörn und Ratz, Michael: Bodenpolitik und Bodenrechtsreform in der BRD. Köln: Verlag Pahl-Rugenstein, 1973.
Kiesow, Gottfried: Einführung in die Denkmalpflege. Darmstadt, 1982.
Kloster Corvey: Kunst und Kultur im Weserraum 800 bis 1600. Ausstellung des Landes Nordrhein-Westfalen. Ausstellungskatalog. Münster, 1966.
Das Kom(m)ödchen: „Schöne NEUE HEIMAT", aus dem Programm 1974.
Kreft, Herbert und Sönke, Jürgen: Die Weserrenaissance. Hameln: Verlag CW Niemeyer, 1964.
Kreisverwaltung Hameln-Pyrmont: Der Landkreis Hameln-Pyrmont. Oldenburg: Verlag Kommunikation und Wirtschaft, 1981.
Loebel, Hansgeorg: Niedersachsen, junges Land mit altem Namen. Hameln: Verlag CW Niemeyer, 1972.

Marwitz, Klaus: "Neuerung der Hamelner Altstadt", in: Bauamt und Gemeindebau, 10 (1968).

Maurer, Hellmut: Städtebau – Alternativen – Anstiftung zum Handeln. Frankfurt: dipa-Verlag, 1972.

Mielke, Friedrich: Die Zukunft der Vergangenheit – Grundsätze, Probleme und Möglichkeiten der Denkmalpflege. Stuttgart: Deutsche Verlags-Anstalt, 1975.

Mislin, Miron: "Stadterneuerung und Stadtsanierung – Versuch einer Bilanz der letzten beiden Jahrzehnte", in: Stadt 4 (1983).

NEUE HEIMAT: Zeitschrift Monatshefte, jetzt Stadt.

Niedersächsischer Sozialminister: "Grün im Städtebau". Verfaßt von der Arbeitsgemeinschaft "Grün in der Stadt", 1973.

Pohl, Hartmut: Sanierung Weserufer Altstadt Hameln. Diplomarbeit an der Technischen Universität Hannover bei Prof. Dr. K. Wittkau, 1976.

Schmidt-Relenberg, Norbert und Mitarbeiter: "Vorüberlegungen zur Sozialplanung in Hameln", Hamburg, 1972. (Manuskript).

Schneider, Karl: "Hameln – Erneuerung einer Stadt", in: NEUE HEIMAT 7 (1968).

Seifert, Fritz (Hg.): Hameln, die alte Rattenfängerstadt an der Weser. Hameln: Verlag der Bücherstube Fritz Seifert, 1958.

Seifert, Fritz: Schöne Heimat Weserbergland. Hameln: Verlag der Bücherstube Fritz Seifert, 1966.

Seifert, Fritz: Hamelner Bilderbogen. Mit Bildern von Wilhelm Brockmann. Hameln: Verlag der Bücherstube Fritz Seifert, 1969.

Seifert, Fritz: Schönes Weserbergland. Hameln: Verlag CW Niemeyer, 1976.

Smith-Soltsien, Heide: Lebendiges Hameln. Hameln: Verlag CW Niemeyer, 1980.

Spanuth, Heinrich und Feige, Rudolf: Geschichte der Stadt Hameln von den Anfängen der Stadt Hameln bis 1960. Fortgesetzt von: Seifert, Fritz: Die neueste Zeit von 1961–1980. Hameln: Verlag der Bücherstube Fritz Seifert, 1963 und 1983.

Spengelin, Friedrich und Wunderlich, Horst: Stadtbild und Gestaltung. Modellvorhaben Hameln. Eine Veröffentlichung des Niedersächsischen Sozialministers. Nachdruck des Heftes 02.033 aus der Schriftenreihe Stadtentwicklung des Bundesministers für Raumordnung, Bauwesen und Städtebau. Hannover, 1983.

Stadt Hameln (Hg.):
„Die Zukunft unserer Altstadt. (Sanierungsplan – Sanierungsziel)", 1959.
Hameln – Altstadtsanierung: Förmliche Festlegung von Sanierungsgebieten", 1972.
„Informationsheft zur Planung und Durchführung der Altstadtsanierung", 1976.
„Modernisierung Kleine Straße – Westseite", 1976.
„Zwischenbilanz 1983".
„Kultur und Geschichte an der Oberweser IX.–XIX. Jahrhundert." Ausstellung der Stadt Hameln 1965. Sach- und Bildkatalog, Hameln: Buchdruckerei CW Niemeyer, 1965.

Stange, Peter: „Altstadtsanierung – zum Beispiel Hameln", in: Die Alte Stadt 1 (1980).

Stein, Erwin (Hg.): Hameln. Berlin: Deutscher Kommunal-Verlag, 1929. (Monographien deutscher Städte, Bd. XXXIII).

Städtebauförderungsgesetz: Gesetz über städtebauliche Sanierungs- und Entwicklungsmaßnahmen in den Gemeinden (StBauFG) vom 27.7.1971 (BGBl. IS. 1125) i.d.F. der Bek. vom 18.8.1976 (BGBl. IS. 2318, 3617), zuletzt geändert durch Gesetz vom 5.11.1984 (BGBl. IS. 1321).

Thümmler, Hans und Kreft, Herbert: Weserbaukunst im Mittelalter. Hameln: Verlag CW Niemeyer, 1970.

Universität Bielefeld, Zentrum für interdisziplinäre Forschung: „Altstadtsanierung – Zerstörung durch Stadtplanung und Sanierung?" Ein Bericht der Arbeitsgemeinschaft „Altstadtsanierung". Bielefeld, 1974.

Vereinigung Hamelner Bürger zur Erhaltung ihrer Altstadt: „Hameln – Modellfall Nr. 1 für die Zerstörung unserer Altstädte?" Broschüre, 1970.

Wehmeier, Reinhard: „Hameln gibt seiner Altstadt ein neues Gesicht", in: Stadt 4 (1983).

Weserbergland-Festhalle (Festschriften): „Vorhang auf!" (Eröffnung 1951)/„Zehn Jahre Weserbergland-Festhalle"/„25 Jahre Weserbergland-Festhalle".

Wilhelms, Rolf: „Hameln – Demonstrationsfeld einer Altstadtsanierung", in: Bauwirtschaftliche Informationen vom 20.2.1971.

Wittkau, Klaus: „Sanierungsvorschlag einer GEWOS-Studie über die Altstadt von Hameln als Aussage eines pragmatischen Modells". In: Gesellschaftliche Vorbedingungen räumlicher Planung. Scriptum 1 der gleichnamigen Lehrveranstaltung an der Technischen Universität Hannover. S. 99–105. 1. Folge, 1974. Nachdruck Hannover, 1977.

Zinkahn, Willy: Bundesbaugesetz, BaunutzungsVO, PlanzeichenVO, WertVo. – Richtlinien, Raumordnungsgesetz, Städtebauförderungsgesetz. München: C.H. Beck, 1973.